Escenas del yo flotante

Carlos A. Aguilera & Idalia Morejón Arnaiz
Escenas del yo flotante

Cuba: escrituras autobiográficas

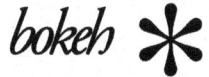

© Carlos A. Aguilera & Idalia Morejón Arnaiz, 2017
© Fotografía de cubierta: W Pérez Cino, 2017
© Bokeh, 2017

   Leiden, NEDERLAND
   www.bokehpress.com

ISBN 978-94-91515-71-2

Todos los derechos reservados. Cualquier forma de reproducción, distribución, comunicación pública o transformación de esta obra sólo puede ser realizada con la autorización de sus titulares, salvo excepción prevista por la ley.

Prólogo | Adriana Kanzepolsky 11

Néstor Díaz de Villegas (1956)
   Protocolos de las comadronas de Sión 23

Omar Pérez López (1964)
   La sencilla 37

Reina María Rodríguez (1952)
   Esto es todo 61

Roberto Uría Hernández (1959)
   El Espartaco espantado 73

Sandra Ramos (1969)
   Sandra Ramos: Testamento del pez |
   Eugenio Valdés Figueroa 95

Idalia Morejón Arnaiz (1965)
   Árbol que nace torcido 105

Carlos A. Aguilera (1970)
   Apuntes sobre el movimiento de los trenes en A. 115

Rolando Sánchez Mejías (1959)
   Umbral 127

   De los autores 141

Quien trate de acercarse a su propio pasado debe comportarse como un hombre que cava [...] Pues los estados de las cosas no son más que almacenamientos, capas, que sólo después de la más cuidadosa exploración, entregan lo que son los auténticos valores que se esconden en el interior de la tierra.

Walter Benjamin, *Crónica de Berlín*

...deberíamos llamar «violencia» a aquello que no permite al otro ser lo que es, aquello que no deja lugar al otro.

Jacques Derrida, *El gusto del secreto*

Prólogo

Adriana Kanzepolsky

> La verdadera intimidad es reposo, carece de poder
> José Kozer, *Una huella destartalada*

Cuatro afirmaciones retornan a la hora de pensar en los textos que conforman esta antología. Las transcribo: «Hombres y mujeres atrapados en el cuerpo de un país. Eso sí es transexualidad, todo lo demás es cirugía y psicología plástica» (Jorge Enrique Lage, *Archivo*). «Cuatro gatos dentro de una memoria enrarecida, pero con lengua propia» (Idalia Morejón Arnaiz, *Cubista Magazine*). «*Fidel ha muerto.* No hay un átomo, un ápice, un minuto, una célula, un milímetro de mi vida que no tenga que ver con Fidel Castro, que no *sea* de Fidel Castro» (Néstor Díaz de Villegas, «¡Castro o Muerte! Vencimos»). «En el "invierno" la Isla es como una plataforma de tierra vuelta hacia los astros, como si flotara en el océano luminoso u oscuro del espacio interestelar» (María Zambrano, «Desde La Habana a París»).

El país como un cuerpo que atrapa, la memoria enrarecida, ninguneada pero con lengua propia, Fidel recién muerto, hecho uno con la propia carne y la propia biografía: son imágenes que describen y, en algún sentido, explicitan lo que se deja leer en los textos compilados en esta antología que se anuncia como cubana, autobiográfica y fragmentaria. Una continuidad que parece suspenderse en el lirismo de las palabras de María Zambrano, las cuales perfilan la imagen de una isla flotando en la luz más que en el mar. Dislocadas no sólo por el tono en el que la violencia contenida o explícita está ausente de la lengua de la escritora española, sino porque estamos ante un libro en el que el paisaje si bien no está completamente omitido —aparece como fragmento en unos parques entre literarios y reales en el relato de Reina María Rodríguez, en unas escenas urbanas de una fantasmagórica Alemania en el de Carlos A. Aguilera, en algunas estampas del campo en las memorias de Idalia Morejón, en el agua omnipresente y contenida de las pinturas de Sandra Ramos; nuevamente en unos vislumbres de campo en la región de Toscana en la narración de Omar Pérez–, nunca está concebido ni como una gracia ni como un don sino como soporte de la narración. Sin embargo, las palabras de Zambrano retornan en la lectura de la antología: en parte por mi propio recuerdo de la luz cubana, en parte por el contraste entre la mirada de esa española tan cercana a la Cuba de décadas atrás —mirada de extranjera enamorada— y en parte, en gran parte, porque en esta antología de escrituras autobiográficas algo sigue flotando, ya no la isla como paisaje imaginado, sino un conjunto de yoes, pero unos yoes que se autofiguran como indistinguibles de la historia cubana de las últimas décadas, como una metonimia, por lo menos, de aquella historia que se instala en el 59, unos años antes o pocos años después del nacimiento de sus autores.

Pero si hablé recién de la metonimia como la figura que me parece traza la relación entre la vida que evocan estos sujetos autobiográficos —las identidades que construyen en la escritura— y la historia cubana de los últimas décadas, con lo que repiten y simultáneamente invierten un modelo de la autobiografía hispanoamericana del siglo XIX (hacerse uno con la historia del Estado, pero ahora como un equívoco, ya que ese Estado va hacia la ruina y no se encuentra en un proceso de formación), el título desestabiliza esa relación de identidad. Es decir, mientras las biografías se anclan en la historia política del siglo XX y de lo que va del XXI, el yo del título se anuncia como un yo flotante.

Flotan y se anclan. ¿Derivan, como en la reproducción de las pinturas de Sandra Ramos en las que los sujetos representados no sólo están literalmente suspendidos, en una suerte de agua contenida –¿peceras?– sino que su condición oscila entre lo animal y lo humano, entre la vida y la muerte, entre la ficción y la vida?

La imagen de un yo flotante habla, claro, de la relación con lo insular, de los exilios e insilios, de unos yoes sin raíces ni asideros, pero también es una imagen que remite a la propia factura de los textos, y tal vez sea ese su aspecto más interesante. El adjetivo «flotantes» alude a unos sujetos que tampoco se encuentran «anclados» en las narraciones, no únicamente por el carácter fragmentario de la autofiguración, no sólo porque la intimidad entendida como «un interior compartido» está ausente o casi ausente de las mismas, sino también porque el yo que esos textos diseñan es un yo que sistemáticamente se hurta, se cubre, se desdibuja. Ya sea en la ficción de los relatos, como ocurre en el diálogo que fabula Rolando Sánchez Mejías entre un personaje que transita por La Habana en silla de ruedas con Jean Paul Sartre y Simone de Beauvoir, o en la asimilación entre la vida y la literatura, como en el texto de Reina María Rodríguez, quien en determinado momento afirma «¡Pura literatura, mi vida!» –afirmación que el texto despliega a través de una genealogía en cuyo centro están Virginia Woolf y sus personajes, y en una concepción de la literatura como un dispositivo que aguza la mirada sobre la vida, el paisaje. Un yo que se desdibuja y recubre en el registro del absurdo, en la dilución de cualquier idea de identidad como en el poema de Néstor Díaz de Villegas que abre la antología, o que se hurta en el vaivén temporal y geográfico de los fragmentos que componen el relato de Omar Pérez. Un yo que se diseña como un secreto, y ya no el secreto de la isla, para recordar nuevamente a Zambrano, sino como un yo secreto que intencionalmente se oculta o no quiere quedar a la vista.

En ese mismo sentido este conjunto de textos tan disímiles –el alegato, el poema, la memoria de infancia, la pintura, el relato de viajes, la fábula teatral– deja ver una voluntad común, que es la decisión de no mostrarse. A veces, a través del hermetismo del discurso y de la alegoría; otras, en el desplazamiento de la mirada hacia el afuera, o en la transformación de la propia vida en una escena literaria. Y es ahí, en ese no ancorarse, en ese no mostrarse donde los relatos *dicen*, y pienso que dicen al mismo tiempo cierta verdad de los sujetos y cierta verdad de un colectivo; en ese secreto y en la violencia de la lengua que los atraviesa con distintos grados de explicitación.

Ahora, si los yoes flotan en el título, el epígrafe, de *Crónica de Berlín*, de Walter Benjamin, actúa como un contrapeso que concibe el pasado no como las huellas entrecruzadas de unos pasos a la orilla del mar que terminan justo bajo los pies del caminante, y parafraseo a Juan José Saer[1], sino como una diversidad de capas en la tierra a la que hay que llegar a través de la excavación; el epígrafe concibe al pasado como un pentimento, para mencionar ahora el título de un texto autobiográfico de Lilian Hellman.

Escribe Benjamin: «Quien trate de acercarse a su propio pasado debe comportarse como un hombre que cava [...]. Pues los estados de las cosas no son más que almacenamientos, capas, que sólo después de la más cuidadosa exploración, entregan lo que son los auténticos valores que se esconden en el interior de la tierra».

El epígrafe se deja leer como una suerte de máxima que postula una relación paradójica con el título; si en la tapa los yoes flotan, desde el interior de la antología se los incita a que caven en la

---

1 Escribe Juan José Saer al comienzo de «El intérprete»: «Si miro hacia atrás, veo la guarda entrecruzada de mis pasos que viene a terminar justo bajo mis pies».

profundidad de la tierra. Una imagen, la de las capas y el cavado, que si bien puede entenderse como una ironía en un libro donde los sujetos son reticentes, evoca a un tiempo la idea de la ruina, un concepto que, por su parte, aparece una y otra vez en una zona importante de la literatura cubana de los últimos tiempos.

¶

Si al comienzo transcribí algunas frases que retornaban en el momento de la lectura de la antología, quiero detenerme brevemente ahora en ciertas preguntas que también se hicieron recurrentes a la hora de pensar en este conjunto de textos. ¿Cómo pensar el cuerpo de una antología organizada en torno de yoes que flotan, fabulan, se hurtan y se dicen a medias y en variados registros? Es decir ¿cómo pensarla por fuera de sus propios bordes? ¿Con qué escritores y con qué textos dialoga este conjunto de relatos?

Preguntas que se justifican cuando recordamos que, a despecho de lo que señalaba Sylvia Molloy a comienzos de los noventa acerca de la ausencia de una tradición autobiográfica en Hispanoamérica, en los últimos años, posiblemente en la última década y media, se ha producido en esa misma Hispanoamérica una proliferación de escrituras en torno del yo. Me refiero a la publicación de memorias, autobiografías, autoficciones, diarios y epistolarios y, a su zaga, un vasto conjunto de textos académicos sobre esos discursos. La pregunta, entonces, es en qué medida los relatos de esta antología, escritos por encargo, y también el impulso que rige la reunión de los mismos, se vinculan con ese proceso. Y aunque no quepa revisar aquí lo que precariamente podríamos denominar como una tradición autobiográfica cubana (algo que tampoco estoy en condiciones de hacer), creo que vale la pena mencionar ciertos textos y autores que dialogan con algunas de las líneas que atraviesan

Escenas del Yo Flotante, líneas que, entiendo, permiten pensar en una impronta singular de la autobiografía cubana.

En la convocatoria a los escritores, entre otras reflexiones, preguntas acerca del género autobiográfico y especificaciones sobre lo inédito de las colaboraciones, los editores de la antología proponen una noción del discurso autobiográfico articulado en torno a la experiencia, pero una experiencia que se acerca más a la elaboración ficcional de lo vivido que a la correspondencia entre la identidad construida en la escritura y la realidad referencial. Es en ese sentido que afirman que el Piñera que les interesa no es aquel de *La vida tal cual*, sino el de *Aire frío* y *La carne de René*, con lo que atribuyen a *La vida tal cual* un carácter de documento que no estoy segura que tenga.

Diría, sin embargo, que si bien la lectura de la antología evidencia las marcas de ficcionalidad de muchos de los relatos o el cruce entre ficción y autobiografía/memoria, una marca que por otra parte recorre las escrituras del yo en la contemporaneidad, *La vida tal cual* retorna como eco a la hora de la lectura. Particularmente cuando pensamos en la conocida declaración de Piñera acerca de que en la primera infancia comprendió que era homosexual, pobre y que le gustaba el arte. Y señalo esto porque precisamente el formato breve de los textos hace que se articulen sobre uno o dos autobiografemas o que se condensen alrededor de un *punctum*, para remitir una vez más a Barthes: el trabajo manual y su ética en oposición a la coerción de la vida académica, en «La sencilla» de Omar Pérez, una academia o una escolarización que es evocada como represora cada vez que surge en las diversas memorias; la injusticia y la violencia del régimen, en dolido texto de Roberto Uría; la precocidad sexual y la violencia masculina, en la evocación de Idalia Morejón, una violencia entendida tanto como un elemento de la vida doméstica y como una metáfora de la violencia del Estado; la mirada estrábica del extranjero, en

«Umbral» de Rolando Sánchez Mejías; el agua que rodea por todas partes, en «Dibujos» de Sandra Ramos, la extranjería en «Apuntes sobre el movimiento de los trenes en A» de Carlos A. Aguilera. Es la articulación de las evocaciones alrededor de alguno de esos motivos, y no la digresión como marca recurrente del género, la que me lleva a pensar que este conjunto de relatos se ubica entre *La vida tal cual* y los libros de creación de Virgilio Piñera.

Resuena también en algunos de ellos *Antes que anochezca* de Reinaldo Arenas, otro de los autores mencionados en la convocatoria de los editores, pero no sólo por el elemento ficcional presente en sus memorias sino por la experiencia del exilio, por una infancia rural sexualizada, por la vinculación entre Estado y enfermedad, algo que reconocemos en «Árbol que nace torcido» de Idalia Morejón. Reinaldo Arenas se escucha también en la escritura concebida como un ajuste de cuentas, como una escena de venganza, tal como se lee en «El Espartaco espantado» de Roberto Uría, o concebida como una práctica que se desborda casi hasta lo desaforado, como en «Protocolos de las comadronas de Sión», el extenso, divertido y desesperado poema de Néstor Díaz de Villegas.

Aunque en apariencia distante de las circunstancias biográficas de los escritores de la antología, dado que se hace poeta fuera de Cuba y su salida de la isla se produce a comienzos de la Revolución, pienso que los diarios de José Kozer, publicados fragmentariamente hace algunos años (2003), diarios que recogen la cotidianeidad de tres períodos de vacaciones, dialogan con los textos de *Escenas del yo flotante...* Y lo hacen a partir de la idea de La Habana como «una huella destartalada» –algo que aquí puede hacerse extensivo a la Isla como totalidad–, como un origen que se disloca y no justamente como esa guarda entrecruzada de pasos que mencionábamos más atrás, sino como un punto de partida que se desmadra. Pero sobre todo porque en los diarios de este poeta Cuba es imaginada, fabulada, como una lengua; de ahí que estar fuera del país es estar fuera de esa lengua y al mismo tiempo evocarla, escribir la memoria de esa lengua / la memoria autobiográfica en la propia lengua. Una lengua que a veces es concebida como resto, como lo único que resta (y recordemos a Hanna Arendt a través de la lectura de Agamben), para esos sujetos que flotan tanto dentro como fuera de la isla.

Pero más allá de estas asociaciones puntuales, pienso que el vínculo entre estos textos autobiográficos y los de José Kozer pasa fundamentalmente por la concepción de lo que sea un texto autobiográfico. En cierto momento de sus diarios, el poeta afirma que sus «cuadernos no son el registro de un autor […] sino el registro de una vida». Y agrega: «es imposible dejar de decir que son mi vida, […] pero ello no es óbice de [sic] que sean por encima de todo el registro de *una* vida […]. Vida más, vida cualquiera, única» (2003: 48). Una afirmación, la de Kozer, que resuena a la hora de leer «La sencilla» de Omar Pérez, quien en determinado momento escribe: «No se trata de un fragmento específico de una vida, sino de una pieza en el período "especial", de una etnia», o cuando en el fragmento «Educación» de «Árbol que nace torcido», Idalia Morejón anota: «La baja autoestima que la caracteriza ha privado a Poquita Cosa del grandísimo honor de recrear sus triunfos escolares. Considera que éste y otros eventos político-sociales son idénticos a los de todos los cubanos de su edad y origen social». Eso es lo que estos textos testimonian, una vida singular, la vida de cada uno de los sujetos de la enunciación, pero fundamentalmente *una* vida en la Cuba postrevolución.

Ahora bien, si esta breve y precaria serie que tracé establece algún diálogo es, sin duda, con *La fiesta vigilada* (2007) de Antonio José Ponte, tanto por el tratamiento de la intimidad, que también se hurta en ese libro híbrido que cruza ficción, ensayo y memoria, como por el recorte histórico político que los impulsa, por la relación entre Estado y construcción de la propia memoria, por la idea de ruina, por la presencia de Simone de Beauvoir y de Sartre con su mirada estrábica, por la relación con Alemania Oriental, y la enumeración podría seguir.

Pero si se puede pensar que ese impulso autobiográfico y memorialístico hispanoamericano está presente también en la literatura cubana, y pienso en los textos que mencioné pero asimismo en los que excluí, anteriores y contemporáneos a los que esta antología recoge, aun así persiste la pregunta acerca de cómo pensar estos textos breves y heteróclitos, donde lo autobiográfico no se limita a la palabra sino que da lugar también a la imagen, como en la sección de Sandra Ramos. La respuesta que se me ocurre cada vez que la pregunta surge es que este conjunto representa un estado de situación, un estado del campo, una foto del momento con todo lo que la foto incluye y deja afuera pero sugiere.

Para terminar quisiera volver una vez más a Sylvia Molloy, quien en *Acto de presencia. La escritura autobiográfica en Hispanoamérica*, el libro al que aludí más arriba, dedica un capítulo, el de la autobiografía de infancia, a *Mis doce primeros años*, las memorias de la Condesa de Merlin, que considera el primer relato de infancia de la literatura hispanoamericana.

Mencioné al pasar la continuidad enrarecida que postulan los textos de la antología con los textos autobiográficos del siglo XIX hispanoamericano, en el sentido de que la historia personal se haga una con la historia política, pero al contrario de lo que sucedía en el momento de formación de los Estados nacionales, cuando esos nuevos sujetos se autofiguran como una metonimia de la historia de un país en formación, aquí la indistinción entre la vida de los memorialistas y la vida política oficial es algo que se narra no ya como deseo sino como una imposición de la que es imposible escapar, incluso cuando se está afuera.

¿Por qué mencionar, entonces, las memorias de la Condesa de Merlin, que desde la perspectiva de Molloy se distancian del impulso común que rige las autobiografías del XIX y no evidencian el deseo de inscribir la figura de la memorialista en el proceso político? Un proceso en el que no existe lugar para la evocación de la infancia transcurrida en el tiempo de la Colonia que hay que dejar atrás, ni tampoco para la *petite histoire*, lo insignificante, lo mínimo, excepto cuando la recreación de la imagen del niño prefigura la del adulto. Precisamente porque aquello que posibilita la evocación nostálgica de Cuba en las memorias de la Condesa es que estamos ante una escritura de exilio, una escritura que «puede reivindicar la nostalgia como algo más que un ejercicio solipsista» (Molloy 1996: 119), una escritura que puede añorar ese pasado colonial que se dejó atrás y que «está pasado de moda».

Vuelvo a ese texto, cuya mención puede parecer anacrónica, porque más allá de que seis de los participantes de esta antología (Néstor Díaz de Villegas, Roberto Uría, Sandra Ramos, Carlos A. Aguilera, Rolando Sánchez Mejías e Idalia Morejón Arnaiz) vivan en el exilio, participen de esa naturaleza flotante que es la condición del exiliado y del inmigrante, la nostalgia de Cuba está ausente de esos textos. Inclusive aquellos que tocan la infancia tampoco parecen añorarla. Si los mismos comparten con la autobiografía de la Condesa la memoria de Cuba, se distancian de la misma por el modo en que el país que se ha dejado atrás es evocado. E incluso más: en los textos de la antología está ausente el lirismo como condición de las memorias de infancia, un lirismo que, en cambio, da lugar a la violencia, a la violencia de la evocación pero también a la violencia de la lengua.

Néstor Díaz de Villegas
(1956)

Protocolos de las comadronas de Sión

1.

Muerto, sí. Nací muerto y malenvuelto,
enredado en la tripa del ombligo
(cordón umbilical). Si me atosigo
al contar mi vivir, no es menos cielto

que grandísima culpa se merece...
¡ay, mi Madre! (le llegará el momento),
de mí mismo colgante monumento.
Como todo lo que por fin fenece,

reviví cuando el mundo parecía
terminar *en la terminal de trenes,*
el cáncer terminal, nieve en las sienes...
Mi comadrona: la Antipoesía.

Ahogado en amniótico de foso,
hebras del pubis cierran mi garganta,
un feto de escaleras se levanta,
sube una pata al líquido viscoso.

Nací negro, ya muerto. Era precioso,
rubio africano, cuarterón judío,
agarrado a las márgenes del río:
nací enredado. Cúspide de un pozo.

Pasó como cometa saludable
la comadrona al frente de mi casa:

«Ya estamos en el día de la raza»,
comentó, simplemente, razonable.

«No me siento este niño», se quejaba
la madre mía, procrastinadora.
«No ha llegado la hora del *ahora*,
aquella que en lo físico se clava

con la sustancia de su mediodía,
la que atrae hacia el polo de lo cierto
dos palabras sencillas, *Niño muerto*,
que son tu augurio, Antipoesía».

Avisada del mal, la presocrática[1]
auscultó con espéculos la aurora:
«La madre de Zenón serás, eleata
de vis geométrica y coz demoledora».

Y dijo más: «Con *dolor paribamus
filiis tuus*, niño inclinado al verso
y frotado en la estela del reverso,
proyección del león y el paramecio».

«No me lo siento», insistió la esclava,
requintada a las patas de la cama.
Aplicaron los fórceps a la trama:
provocaron un *fiat lux* de baba.

---

2   «SÓCRATES: Pues bien, pobre inocente, ¿no has oído decir que soy hijo de Fenárete, comadrona muy hábil y de mucha nombradía? / TEETETES: Sí, lo he oído. / SÓCRATES: ¿Y no has oído también que yo ejerzo la misma profesión?».

Salió un negro silente, delincuente
del presente; acróbata morado;
ahorcado tibio y desconsiderado;
culpable absuelto; Judas inocente.

Era de fuerza y sangre su abolengo,
(el azul de las venas se pervierte
en el primer contacto con la suerte)
era viscoso y entripado y luengo.

Nací yo: al palparme con palabra
y dejar la constancia de mi sino
suena lo absurdo a carne de destino,
a mentira, a *faux pas*, a abracadabra.

En un cubo de aguas congeladas
y otro cubo de leche bien caliente
me sumergieron, negación viviente
que a la fosa escapó de dos nalgadas.

Dice Beckett en su *Godot* que el semen
del ahorcado al caer por tierra
hace nacer mandrágoras, y encierra
lo que los hombres dudarán y temen

de la impura metáfora. Supongo
que el semen del nonato en el entorno
de la barriga preña con un chorro,
la propia madre generando un hongo

y un soto de mandrágoras que corre

como bosque de Birnam[2]. Una selva
de ramaje engomado donde cuelga
ejército guindado. Si una torre

fue mi madre –y no hay generador:
alzado de Escombray cumple condena,
primero de los dos que entró en escena
en un mundo o período anterior–,

¿quién es mi Padre? Esa es la pregunta,
to be or not to be, hula de noria
que gira en la carreta de la Historia
(y hay una edad donde el *to be* se ayunta

con el *or not be*). A Isla de Pinos
va encadenado como vil bandido:
el calabozo aguardará al marido
de la Patria y de mi madre. Nidos

las Circulares. Cinco asilos, silos,
engranajes, establos y origamis,
descuadrados juguetes, *double whammies*:
deus, que es *machina*, cuelga de los hilos.

Cuando Nietzsche afirmó que «Dios ha muerto»
quiso decir más bien (pensando en Richard
Wagner) «el Arte ha muerto». Muerto Richard,
como Cristo murió de un desconcierto

en Bayreuth, moría lo antiguo griego,

---

[3] «A childe calde Ericthonius, whome never woman bare» (Ovidio, *Metamorphoses*, libro 2, línea 562. Traducción de Arthur Golding, 1567).

–lo griego mismo– en su poesía,
la patraña del dios que abrogaría
las sagradas entrañas del borrego.

Así que en la caverna presocrática
mi fenecer se redondeó en un aria
que saliendo de esperma carcelaria,
de la viudez en vida y la gramática,

de las revoluciones informáticas,
de las dodecadencias de la espera,
de las cruces de plástico y madera,
de las grandes visiones numismáticas,

llegas a oír, lector, porque, salvado
–no en el sentido clásico y cristiano
sino en *strictu senso* culterano,
en el sentido de «reinterpretado»–

esa mañana de mi nacimiento
volví a nacer en cubas bautismales,
emirato de címbalos vitales,
para ti, para el mundo y para el cuento.

2.

La madre de mi madre no sabía
de dónde había salido exactamente,
si de Palmira o Rodas: la inocente
era ignorante de su judería.

La Gestalt de mi historia preconiza
un judaísmo siempre conmutado
y elevado al cuadrado, que es al hado
lo que el bosque quemado a la ceniza.

Es decir, no hay manera de escaparse:
la norma de lo vivo necesita
canales que la voluntad evita
y un ombligo por donde agujerearse.

Esa señora que salió de Rodas
a Palmira (Las Villas) fertiliza
terrenos de la madre que agoniza.
La llevan a enterrar entre las olas

como había exigido. Pero antes,
el Padre, que tejía curricanes
y sogas de henequenes (en los clanes
había tribus de cíngaros rodantes).

La madre de la madre de mi madre
padecía de cáncer fulminante:
en el seno derecho palpitante
una Rosa de moscas que la madre

de mi madre, blandiendo una revista,
abanicaba. Creo que cualquiera
apostaría a que yo dijera
que era *Orígenes*. Una origenista

abanicando rosas mosqueädas
—metafórica flor en el sudario,

la hinchazón de la teta es un ovario–
y tres cruces de yodo, numeradas.

Cierran la casa y salen al camino
empujados por cosas del destino:
que si la Depresión, que si el pepino
en el polvo. Les falta pan y vino.

Pernoctaron en casas de tabaco
(avanza por el mapa de Las Villas
una línea encarnada) de sencillas
provincias. Hacen batas con un saco

de azúcar, «las baticas de las niñas».
Harina de maíz (¡no me carezcas!),
calabazas robadas, chaplinescas,
consumen suela y cáscaras de piñas.

Cruzan parques y bustos y glorietas.
El portal de un teatro da refugio
a una luna rellena de artilugio.
Para matar el hambre, de las grietas

un muro da a comer cal arañada.
Han bajado hasta El Hoyo los varones
y se quedan (quedados solterones
de una muerta bañada y perfumada).

Las mujeres nadando en la cañada,
no perciben la sombra de un gallego
que ebúrneas las observa, desde luego.
El nombre de mi abuela será: *Adah*.

Y no he dicho mi nombre. Soy Isaac
Kámara. Y mi madre es Blanca Rosa
Cordobero de Kámara, la esposa
del Capitán Rebelde. En la Mac

donde escribo esta historia indecorosa
en dialecto arameo, cada raya
corre al margen ab-zurdo de la playa.
¡Los traductores trocan cada cosa!

El tinte de las piernas de mi abuela
es de un mojado arena. Los cabellos
son color de azafrán, y los destellos
que la luna acarrea tras la estela

de un bote a la deriva. Las hermanas
quedaron separadas de lo suyo:
Adah nada; Esther fuma un soruyo;
Rebeca empina lánguidas catanas.

Después de sepultada la occisa
en el fondo del mar de Rancho Luna,
el viejo se colgó de una cornisa
con curricán. Un gaito en la laguna

observa absorto básicas bañistas:
es boticario; viene a la piscina
en busca universal de medicina,
alma de dios, hispano y anarquista.

Lo llaman Sixto Caldo de Gallina.
Se casará después con la Rebeca

–con la coja Rebeca. Una muñeca
es Adah. Esthercita es una Ondina,

de aquellas que en los cuadros deshojaban
magnolias, margaritas y gladiolos.
Rebeca y Esthercita son los polos
opuestos que a la niña mangoneaban.

Esclava de la noche pueblerina
la muchacha recita de memoria
oraciones ladinas, y en la euforia
del sueño o del ayuno, ya se orina

y ya dice: *Adonai, esclavas fuimos
de Paró en Ayifto...* Tabernáculo,
cubierto firmamento. Con un báculo
va el gaito agitador de los racimos.

El pueblo debe ser Cumanayagua.
Las entra allí y el tiempo se detiene.
En un arco está escrito: *Mene, Mene
Tekel, Fares.* Judías son de Sagua

o Palmira o de Rodas, nadie sabe.
Sixto lleva a Rebeca hasta la alcoba.
Esthercita se vale de una escoba
para limpiar su dignidad y es suave

su vida de empleada contestona.
Si los dueños de El Nilo, etcétera...

3.

En el momento en que los dos buscaban,
dieron los dos, el uno contra el otro.
Rosita en la barriga te llevaba,
y tres concibió en Uno, el Loco.

De las pocas batallas que ganamos
ninguna tan perdida o abortada.
En engaño cruel nos embarcamos,
en la nave que vuelve del Letargo.

Después tu padre se adelantó glorioso
tocado con el casco de los tarros
de una ópera bufa precursora
del Teatro Escombray, del trago amargo.

«No me desprecien porque soy moreno:
el pan que quedó atrabancado
a las puertas del horno, de la vista
del panadero escapó sin alas».

Mirad el rostro del Eterno: el fuego
que no quema y, sin embargo, aviva,
rezagado en el vientre de la madre.
El Padre ordena: «Sirvan la comida…»

En el momento en que, prescindible,
el viejo orate quiso congraciarse,
mandó sus mulos a la región del cielo:
un Paraíso-Circular, la isla.

Levantado con álamos el techo
–tabernáculo, trancas y orificios–
por una causa justa y reaccionaria.
Rosa emboscó su vientre de seis meses.

Vano, cruel, tardío descubrimiento,
lo conduce a la Cueva de la Mona
para intentar romper lo que ha creado.
Dar marcha atrás al gólem, matar al deseado.

Y desde el monte libre o clandestino
recibe la misiva del soldado.
Dice: «…que junten fuerzas». Tellería
es el hombre más negro y más buscado. . .

Omar Pérez López
(1964)

La sencilla

> Ella es sencilla
> le brinda al hombre...

Voy a narrar recuerdos, míos, no de otros, a menos que coincidan; hablaré de lo que aún no he hablado, ni hablaré luego. Sólo ahora compartiré la sensación de extravío que comencé a experimentar en la escuela primaria, y siento aún, entonces mitigada por un compañero fugaz de nombre Pastor; la primera declaración de amor escueta, «conozco una amapola que es muy alta, alta, alta...» y la negativa más escueta aun; la primera partidura de cabeza, con mango verde y acertado «sin querer» y el apretón de manos embarradas de mango y sangre; en aquella esquina del colegio las cañabravas, el injerto de álamo y flamboyán y allí, en tres o cuatro, nuestro plan de viajar en bote del Almendares al Amazonas; los matutinos con la Suite de Pérez Prado, los enjuagues bucales con flúor, los conserjes españoles Celestina y Celestino, los masarreales y las naranjitas azucaradas de la merienda, la máquina de refrescos que aún decía Coca Cola, la calistenia sosa, las amenazas, los regaños, los castigos, el pantalón orinado, la pila de agua en la esquina del patio umbrío, el banco de piedra con una efigie de bronce de Shakespeare y otra de Cervantes, el tamarindo de la entrada, la lima, la granada, los aguacates, árboles todos desaparecidos hoy del jardín escolar y nunca reemplazados por otros árboles, aunque los niños hayan sido reemplazados ininterrumpidamente por otros niños; el nombre de mi abuela, Eloína, el de mi abuelo, Isidoro, el del maestro, Humberto y su falso bigote, el de la escuela, Fructuoso Rodríguez, el de esos años, Vietnam Heroico, Guerrillero Heroico, años heroicos de matemática alemana, ideología europea y arrebato tropical y qué vas a ser cuando seas grande? Carpintero.

¶

La escuela primaria promueve la fundamentación del miedo, miedo a la autoridad, miedo al error y, por consiguiente, miedo al ridículo, a ser débil o inferior. Los niveles siguientes, incluyendo el universitario, promueven el fraude. Ante todo, el fraude de la hombría: nunca peor entendida la dignidad de ser humano que cuando se está sometido a un régimen de pensamiento y acción, cualquiera que este sea; el fraude de esa lealtad que es obediencia en estado primitivo, el fraude pues de la disciplina, el del «tiempo libre», aporía de la moderna física social, el fraude de la inteligencia, mímesis subyugada por la competitividad productiva o improductiva, y el mayor fraude de todos, el del fraude o apropiación ilegítima de la inteligencia de otro. ¿Se imaginan una tribu de monos, de abejas, hormigas o cangrejos cometiendo fraude o reprochándose a sí mismos por ello?

He ahí un límite y una mentira ante la cual se estrella toda inteligencia. Y en tal línea de la mímesis del sometimiento, se atempera la vergüenza y un fraude lo es sólo si:

Es descubierto

No está autorizado

Rebasa la norma general y aceptada

En otras palabras, si bien,

$$\frac{fraude}{fraude} = fraude$$

fraude x mimetismo = resultado positivo universalmente aceptado

Mediados los estudios universitarios, digo a mi madre, «quiero dejar la universidad para aprender la carpintería», que un vecino, un cierto Charles, enseñaba en un taller.

«Cuando tengas», me dijo, «el diploma de licenciado en lengua inglesa, puedes dedicarte a lo que quieras». Argucia materna que he seguido al pie de la letra.

¶

Aguacero con sol, la imagen del trabajo pendiente, el trabajo corriente: han visto cómo las nubes luchan con el sol, creando una atmósfera ora luminosa, ora sombría, prisma, arcoiris. Trabajando bajo la lluvia, sobre el andamio, intento recordar la primera vez que trabajé bajo la lluvia. Con toda probabilidad, la «escuela al campo», aventura normativa supuestamente basada en un sueño martiano, en realidad una konsomolización de la campiña, morralla de fútiles normativas laborales y suplicio de estar en la natura y no poderla gozar, sin «escaparse». Otra vez, en el Ejército Juvenil del Trabajo forzado, enormes campos de tomate, de boniato, campos demasiado vastos para tan poco cariño con la tierra y el hombre que la trabaja. ¿Digo «hombres»? Muchachos.

El disfrazado de trabajo «voluntario», excrecencia de un guevarismo sin Guevara, el trabajo disfrazado de trabajo. Fumando, tarareando, comentando, aguardando el fin de la tarea inconclusa, la que nunca se concluirá. Cualquier W humano realizado sin conciencia es W esclavo, porque ¿para qué hablar del W no humano? Por una parte, *werk* en el pórtico de Auschwitz, «sólo él los hará libres»; por otra el *hertzwerk* de Rilke: trabajo del corazón. Y en otra parte aun, Vicente Revuelta preguntando, «¿cuándo nos vemos para trabajar?». Trabajar con Vicente era otra cosa. En cualquier lugar o momento, improvisar. No sólo teatro, no sólo acciones o gestos, como un paso de baile, también la comprensión del baile y su razón, ¿por qué hacemos lo que hacemos? Como lluvia y sol al mismo tiempo, la pregunta y la respuesta.

Ayer visité a Vicente, le leí unos poemas de Konstantinos Kavafis, que disfrutó en silencio. Uno me hizo repetir «más despacio». El que habla de las cosas escondidas, de que en un mundo más perfecto, un hombre hará en libertad las cosas que ahora hago. Cuando me despido y le digo que vuelvo mañana me dice «Mentiroso». Respondo que se trata del mañana de los andaluces, cosa que tal vez aprendí de él.

¶

Abuelo fumaba pipa. Componía boleros, reparaba los colchones de la casa con lentos trazos de hilo de yute. Aprendí de él la palabra «tenería», y la piel de sus manos era fresca y oscura como cuero recién lavado. El símil de las manos nudosas como raíz pulida de árbol ha sido debidamente manoseado. Sin embargo no lo rechazo.

Dijera lo que dijera su carné de identidad, no era blanco. Piel cobriza, un ojo verde-amarillo, otro azul. Uno de ellos le fue reemplazado por otro de plástico, gracias a una infección; era entonces sorprendente verle lavar su ojo: las mismas manos, el ojo distante. Pelo ralo, fino. Su abuela, nos contó, era india. Cabello largo, la misma pausa alejada, mayor silencio aun. El propio cuento de la abuela era un silencio.

Pocas veces la vio.

¿Quién habrá sido, de dónde habrá venido? Según la opinión científica hasta hace poco invencible, esa vieja nunca existió. Sólo un ajiaco hispanoafricano con un poco de chinos. ¿Los indios? Se extinguieron todos, se esfumaron. A mi abuelo, por cierto, le importaba un pito la supuesta «identidad», le interesaba en cambio la familia, los niños, los niños de sus niños. Siento que hasta los bisnietos que no conoció le siguen importando.

En el dedo del corazón tenía una bola de sebo, que eventualmente también le fue extirpada, al igual que dos dedos de un pie que un ómnibus apresurado le aplastó. Utilizaba ese promontorio digital para relatar la historia de un chivito y un majá. Es fácil imaginar el fin de la historia. Me enseñó a atarme los cordones de los zapatos (zapatos ortopédicos) y nos llevaba, a mi hermana Amor y a mí, a visitar a un hermano que vivía del otro lado de la bahía, en Regla. Qué viaje tan largo y qué visita tan corta. «De aquí a cien años todos calvos», decía, «y sin peluca en la yuca».

¶

Debo haber visto la primera tumbadora, o conga, en los carnavales habaneros. Arrancaban desde el Hotel Nacional y llegaban hasta el Prado; la tribuna se colocaba en Malecón y Belascoaín, en la esquina de nuestra casa. La disposición de los carnavales habaneros ha cambiado tanto como las disposiciones económico-políticas del gobierno; de hecho, al menos en la capital, los carnavales son un espejo de las disposiciones económico-políticas del gobierno. Pero no debo hablar de unos maltrechos carnavales sino de los tambores.

Los tambores viajan a pie, con las comparsas, o en carrozas con las orquestas; entonces las carrozas más altas se empinaban hasta el segundo piso de los edificios de nuestra cuadra, edificios «de puntal alto». Las bailarinas lanzaban serpentinas a diestra y siniestra, con frecuencia paquetes enteros de serpentinas que intentábamos capturar en los balcones. Era la época del despilfarro consciente, fruto de una explicable conducta exaltada y festiva; poco después le sucedería la era del despilfarro triste e inconsciente, en la que aún estamos.

¡Qué alegre y violento despilfarro! Las serpentinas formaban colchones en las aceras, colchones en la calle; los niños nos lanzábamos en aquellos colchones. No desde los balcones, claro está, pero sí desde los portales que son más elevados que las aceras. Tata Güines repartía su contento con el tema de «El perico está llorando», la policía repartía su autoridad a golpes de sus cascos plásticos. El pueblo uniformado había vuelto a ser «casquito». ¡Qué entusiasmo de cascazos al compás de los tambores de Tata! Cutupá cutupá cutupá bum cutupá cutupá cutupá bum.

Aquellas tumbadoras, en definitiva, estaban lejos. Eran parte de una visión colectiva. El primer tambor que vi «personalmente» era rojo. Estaba en el lobby de Radio Progreso. Me encontraba a unos dos metros, una distancia también formidable, y era más pequeño que él. Podía acercarme a tocarlo pero dos cosas, pensaba, sucederían: una, me regañarían; dos, me reirían la gracia. Ninguna de las dos me interesaba. Sólo tocarlo. Y atreverme y que lo consintiera él, llevó 20 años.

¶

Volviendo a Vicente, lo conocí en la apertura de una exposición. Luego nos fuimos, la pintora en cuestión, Zayda del Río, mi hermana Amor, los poetas Emilio García Montiel y Carlos A. Alfonso y yo a esa zona del Malecón, cerca de donde nací, entre el Hotel Nacional, la Oficina de Intereses de los Estados Unidos –frente a la cual Vicente vivía en aquellos años– y el mar.

A poco de estar allí se nos unió un joven marino griego. Tomamos el encuentro como una señal, pues ninguno de nosotros había visto un marino griego salvo en las ilustraciones de la Odisea. Aunque ahora mismo me pregunte, una señal de qué.

Por otra parte, incluso la palabra teatro es griega: *theatron*: mirar, y prácticamente todo el mirar que conocemos en la isla, si exceptuamos la cajita china de Barba es griego. Como es helénico el linaje que va de Shakespeare a Peter Brook *and beyond*. Mirar a lo lejos del ser desde la inmediatez del ser: *aletheia*. Verdad que tal noche, en aquel teatrico de malecón, jolgorio de ron y adolescencia, era fácil conocerse.

A Vicente lo había visto actuar dos veces, tres si contamos *Los sobrevivientes* de Gutiérrez Alea. Poco antes del encuentro, en un montaje de «La vieja dama enseña sus medallas», del mismo autor de *Peter Pan*, un asunto pacifista y didáctico. En la adolescencia lo didáctico es *verboten* y así se lo dije. Me entendió, lo cual quiere decir que me escuchó sonriente, agradeciendo la pretenciosa franqueza.

Luego, quizás ese era el significado de la presencia del marino, cada uno cogió por su lado. Mi hermana a Europa, Emilio a Méjico o a Japón, o a ambos, Carlos a su caja gongorina, Zayda y yo nos uníamos y separábamos como en un diálogo de amantes de Godard. A la puerta de un cine, años más tarde, reencontré a Vicente. Era «El director de orquesta», de Wajda. Él vibrante de comprensión, yo de irritación. Se ve que aún creía en el socialismo de estado. Él ya no, como un viejo director de orquesta que atravesara varios estratos de censura y conocimiento, de autocensura y autoconocimiento, se emocionaba con aquella esperanza de cambio, perceptible en la fría y frívola tarde a la salida del Chaplin; se esperaba que algo de aquel crepúsculo polaco nos conmoviese de manera radical, que una cierta cuota de transformación nos tocara por la libreta del CAME.

La primera vez que vi a Vicente fue en una versión de *The Twelfth Night*. Hacía la parte del bufón, un bufón director, de sólo pensarlo toda la historia mundial hace cosquillas. El mundo es para Vicente negación y afirmación del círculo, un ensamblaje de rectángulos que prefiguran el movimiento de la circunferencia o, si se prefiere, una bola de cristal en una caja de zapatos. En la salita de Teatro Estudio lo que estaba en juego al interpretar al *vero e falso* William era la tremenda ironía de las relaciones, una Ley de la Relatividad de las jerarquías y poderes. Se combinaban dos o tres cartas del Tarot en una. No diré cuáles: Vicente era un director real y un bufón fingido y, en modo en extremo delicado, era todo lo contrario.

Sentado en el proscenio, con las largas piernas flacas de pesados huesos colgando entre público y tarima, era un Jano de 360 grados. Yo era casi un niño; había visto «El Alboroto» de Goldoni y a Eliseo Diego leer sus versos, en esa misma sala, desde un butacón de mimbre. Todo lo demás que conocía de *theatron* se lo debía al béisbol, a los matutinos escolares, a la TV y a las tandas vespertinas del cine Pionero, con su serie ininterrumpida de muñequitos (casi siempre norteamericanos), documental sobre la natura (doblado al castellano) y largometraje (Chaplin, Disney, cineastas soviéticos o checos). El bufón de Vicente era un resumen de todo lo que nunca había visto: el desafío ecuánime, la sabiduría contenciosa, el loro que, imitando a Demóstenes, saltaba como un yogui sobre el tejado de zinc de las risotadas. Yo ya no reía, soñaba.

Desahuciado como periodista en el año 90, fui recibido por Vicente en un profesoral intento que tuvo lugar en el Instituto Superior de Arte. Los estudiantes, divididos en cuatro grupos arquetípicos – Stanislavsky, Brecht, Grotowski, Barba- respondían directamente a un guía elegido de cada uno de los grupos. Los asistentes servíamos de volantes entre el director y los alumnos. Mi compañera era Caterina Sobrino, una joven actriz tan sensible como rama recién cortada y cabellera a lo Boticelli. Algunos de los alumnos, imbuidos del derecho del arte secreto del actor, ni siquiera nos mostraban lo que hacían o dejaban de hacer. Vicente se reuniría con todos por su parte.

La estructura, que no sabría definir si de anárquica o democrática, se tensaba entre un cierto azoro de potrero vanguardista y una idea fija: la investigación de la verdad en cada uno de los implicados, sin excluir al guía más viejo, al discípulo más antiguo. Vicente se divertía, es inútil negarlo, citaba a Gurdjeff: hay que hacer lo útil para los demás y lo agradable para uno mismo. La Habana estrenaba unos remedos de McDonald, con hamburguesas y pan de ajonjolí y refrescos de cola en jarras de vidrio. En una de esas tabernas pos-arcaicas, más que posmodernas, nos reuníamos, cerca del mar, en la calle Paseo. La pasábamos tan bien que el trabajo en sí nunca se detenía. El tipo de trabajo que entonces inspiraba Vicente no está diseñado para detenerse en una condición específica del tiempo-espacio. Elástico, fluctuaba, no, fluctúa. Hoy, que he vuelto a ver a Vicente, anciano de cadera fracturada, a quien apenas entiendo cuando musita sin la dentadura, como una brasa, el mismo trabajo continúa.

¶

En la primavera del 91 llegué a Roma. Me esperaba Amor con una beca del Ministero degli Affari Esteri, para estudiar en Siena. Me impresionó que los autos detuvieran su arrolladora procesión para permitirnos cruzar las avenidas. El nombre de aquel primer hotel romano: Brasil. La cena en las afueras de Siena, ciudad amurallada: pan, queso, vino. A la mañana siguiente estaba matriculado; estudiaría Lingua e Cultura, *Divina Commedia*, Cinema, Architettura y Storia dell Arte. No soy animal de museos, nunca antes ni después visité tantos, ni tantas catedrales o plazas de rigor, exposiciones y muestras de vario tipo del vasto, a veces vano, ingenio renacentista.

Ciudadela universitaria y culta, de pasiones bárbaras como *il Palio* y le *contrade*, barrios que se enfrentan en una fugaz, a veces brutal carrera de caballos, Siena puede serle árida al costeño, por la falta de mar y el exceso de muros reales, no mera ruina histórica.

Mas il vino, las suaves y verdes colinas circundantes, Siena en sí misma es *montuosa*, logran calmar la tensión.

Ahí estuve ocho meses, sofocado, alguna que otra vez, por la rabia de Cecco Angiolieri… *s'io fossi fuoco…* si fuera fuego incendiaría el mundo, si fuera agua lo inundaría… hallé en cambio tres amigos que me enseñaron, cada uno a su manera, a amar la contradictoria piedad de los toscanos. Martha, la *piú dolce* y díscola de los tres, me llevó al Grattacielo, el «rascacielos», un minúsculo bar donde ella bebía Spritz, una *miscela schiffosa*, como diría ella misma y yo un vino que aún podía ser bueno y barato. Massimo, *il piú intelettuale*, me acogió en su librería de segunda mano; en medio de la turbamulta de libros escolares en compraventa, se podía encontrar a Cavalcanti y al Pavese del *Mestiere di vivere*, la *Antologia Palatina* traducida por Quasimodo y las historietas de Corto Maltese. Por último, Walter, el taimado y gozoso arquitecto de las oportunidades municipales, me introdujo en la dicotomía de la itálica izquierda: compromesso storico e bella vita. La *sinistra*, con su espinazo quebrado bajo el peso muerto de tantas negociaciones, me aburrió pronto. No menos que *il calcio*, *troppo diffensivo* y prisionero, como casi todo lo demás, de un entramado muy romanesco, y *puttanesco*, de buen pan y mal circo: Tratado de las Exageraciones.

Nel mezzo del camin de mis estudios, los amigos me brindaron una salida honrosa a la melancolía, al atletismo de las graciosas lamentaciones. En los días feriales del verano, cuando no estaba junto a mi hermana y el Adriático, me iba a trabajar de ayudante con un dúo de albañiles germanos en la campiña toscana. Reparábamos una casona, propiedad de la novia de Massimo, ella también germana. Dos cosas me quedaron impregnadas, además del paisaje: los desayunos bizantinos a las ocho, y al atardecer, tras prusiana jornada, la obligación de limpiar prolijamente cada una de las herramientas. Ello no excluía la concretera.

Verano, la cena frugal y salimos a caminar los pueblecillos en torno. De los alarifes tudescos, Ralph era el gurú del hachís, Andreas el de la birra. A la mañana siguiente, pasara lo que pasara, la puntualidad y ensimismamiento en la labor eran tales que el trabajo pasaba por ser una asignatura más en el ciclo del estío.

Cuando veo a los obreros del Plan Malecón bebiendo ron a media mañana y abandonando a media tarde rincones de arqueológicos escombros en cualquier parte, pienso que en estas tierras la ecuación de trabajo y goce está a medias asimilada. Con vocación escasamente holística, y en espera de mayores retribuciones, se trabaja para «hacer tiempo». Así que cuando sea dinero el tiempo, y ya lo es en cabeza de unos cuantos, se trabajará para perderlo. Volviendo a la Toscana, volví de ella cumplidos los estudios. Y el invierno insular me fue caliente y desastroso.

¶

Anatomía es una voz que se compone de dos acciones: cortar y ver, cortar para ver. ¿Para qué se corta, si no? La impresión suele gozar de mala fama si es subjetiva, de fama peor cuando el sujeto corta algo de sí, aun con delicadeza. Es «impresionante». Cuando corta la cabellera del que discrepa, camino del campamento militar adónde irá para ser reformado en sus ideas, musita el barbero «Qué lástima»; ya en la plantación (¡la plantación! soberbia y descalabro de todos los empeños) arden las orejas por falta del pelito protector. A todo ha de acostumbrarse el que discrepe: si el W, al decir de los nazis, os hará libres —como la Verdad, según San Pablo–, ¿qué decir del majaseo? Dícese del Arte Ambulatoria entre surcos, aperos, órdenes (a veces contradictorias) que lejos de frenarla la estimulan. Si el hacer es no sólo posible sino obligatorio, es forzoso buscar la manera de no hacer. ¿No sería acaso la pereza, según Lafargue, la última razón y arma de lucha de la clase trabajadora?

Es posible también adquirir, en los campestres arrabales, una destilación doméstica (Chispa de Tren, Leche de Tigre, Espérame en el piso, entre otras denominaciones de origen incontrolable), para beberla en horarios laborales y realizar, en el centro de lo militaresco, un balance ancestral: tocar en las cajas vacías de tomate, en los tanques vacíos de agua un rústico guaguancó, entonar un cántico liberatorio,

> Belinda, Belinda, Belinda va
> Belinda va a la escuela con su mamá

cuando desaparecen los oficiales mandones, se esfuman los cooptados jefes de brigada, pues ellos también deben rendir, de algún modo, culto a la prédica de San Pablo Lafargue, desiste el orden, la cultura imperativa desaparece,

> Belinda, Belinda tiene un traje
> un traje bonito de camuflaje.

De eso se trata. Camuflaje. Oh, adaptación; los guajiros amigos, esos que se supone debían vigilarme a pedido de la contrainteligencia militar, convidan a sus casas el fin de semana, para comer en familia (qué dos elementos fundamentales: comer y familia), montar a caballo en las guardarrayas; bañarse en las crecidas cañadas, donde rozo la cabeza de un catibo, o serpiente de agua. Que se escapa, eventualmente, yo también.

La escasez de intimidad genera un intimidad mayor. Cuando me decomisan los libros, guardo los Evangelios en los testículos, en un bolsita de hilo que me cosió mi madre, ¿es posible o deseable mayor intimidad con las sagradas escrituras? Reporto los títulos decomisados: *Manuscritos económico-filosóficos* de Marx, una antología de Gramsci y las *Vidas de los filósofos ilustres* de

Diógenes Laercio. Algo sumamente curioso y al mismo tiempo natural es que a veces los guajiros conviden también a trabajar: cultivo familiar de arroz, siembra, resiembra, desyerbe y cosecha.

A mano, con las curvas cuchillas Made in China, luego a mano trillar, golpeando las gavillas contra tanques de 55 galones, los granos cayendo sobre sacos de yute. A la hora de la cena, Boliche, pater familias de Bacunagua, sentencia, «Ahora ya sabes de dónde sale este plato de arroz». Y él mismo se tuerce su tabaco, y me enseña cómo se hace.

Salir de pase un día y no volver, decir «aquí estoy», arma secreta del apalencado. No se trata de un fragmento específico en una vida, sino de una pieza en el período «especial» de una etnia.

¶

Por su cumpleaños, cierto día mi madre me pidió que le regalara una visita, mía, a una santera, me rogó para que la santera me «rogara la cabeza». ¿Era yo joven agnóstico o padecía solamente de empacho mental? La corteza del ser, corrugada por los desechos inmemoriales del dios, del no menos polvoriento materialismo, histórico o concreto, más la llovizna del pseudo-cinismo finisecular conformaron un fanguizal en la conciencia que, como perro del hortelano, no deja al pensamiento ni salir ni entrar.

Aquella señora, como para humillar mis convicciones, me hizo esperar más de una hora en una célula de creyentes habituales posados en butacones. ¿Habían dado ellos también pasos de un desencanto a otro, de una creencia a otra no menos exultante? Recibióme en su centro, entre flores y callados tambores. Su nombre de madrina era Mimí, de bautizo Higinia.

No me dejó discurrir por caminos habituales, por lo consabido de personalidad y falsa certidumbre; ríspida psicóloga, me inventó un porvenir que dependía de mis propias acciones reluctantes, en abandono de quien ya no quiere ser lo que es y dejaba, abandonaba. Pues uno ahí, nacía. ¿Digo año? Mas no lo sé de cierto. Un 90 cualquiera, más algún que otro paso inhábil; la religión que llaman afrocubana, y que llamo cubana pues en tal forma de conjunto sólo existe aquí (otras variantes regionales, Brasil por ejemplo, operan a su manera, con logros y traducciones nacionales), ¿como decir que *El Cantar de los Cantares* se explique en décimas con laúd y bongó, aguardiente de caña y manteca de corojo, es la misma cosa? Me temo que ya no; esa combinación, en fin, había sido entonces recién des-excomulgada oficialmente por motivos de unidad nacional, en este caso, léase folklórica.

En casa de santo tiene que haber de todo, se dice allí. Parte ínfima de ese todo, me encontraba con hombros contraídos y visión deshecha, con harapos de luz, en medio de un proceso ni largo ni difícil, tampoco expedito, de paso entre las prisiones de cuerpo y alma que dictan un devenir desde la mente («Tu cabeza te salva, tu cabeza te hunde»), encontré la manera de encontrar –que todo poeta sabe desde el inicio, olvidándola a golpes de educación utilitaria: «el que busca encuentra». ¿Mas qué es lo útil sino lo utilitario en ciernes? ¿Y viceversa? El yo se halla colocado un buen día en sitio accesible, preparando la leña para una cazuela donde comen variedad de yoes. Sobre la misma columna del ser y el no ser, se desarrolla un baile de posibilidades. Hay que aceptarlas o escaldarse, o escaldarse aceptándolas.

Viejo Mundo, Nuevo Mundo, clavo que saca a otro, de finca en finca ojo por ojo de la transmutación, y qué decir de los humanos sino que somos sentimental mimetismo.

¡Hasta cuando se mira a las estrellas!

Los toques a Shangó duraban allí tres días. Este lugar no existe como remembranza, existe como resonancia. Sin embargo, no fue allí donde toqué el primer tambor de cuero –pues mesas, pupitres, latas y otros enseres sustentan la necesidad percutora– sino en

Santiago de Cuba a donde fui a parar en organizado tropelaje de «brigada cultural», entendiendo cultura de ninguna otra manera definida que no fuera la «revolucionaria».

Descendíamos del Pico Turquino –una década antes de los toques a Shangó, mejor dicho– cuando la ciudad en fiesta promulgaba unos carnavales que me parecieron, y me siguen pareciendo, verídicos. Carlos Augusto Alfonso era mi compañero de excursión y comparsa y, en la avenida, los tamboreros se traspasaban los tambores. Me tocó uno terminando el paseo, y al salir de la corrida los depositamos en las casas originarias. Mimí, por cierto, era de Santiago pero lo suyo no eran los carnavales. Tocábanle a Shangó en el Vedado tres días de diciembre, y yo, sabiendo que ahí no habían casualidades, esperaba mi turno, camuflado entre bailadores.

¶

Lázaro vivía en las afueras de la ciudad, una de tantas, pues ciudad cuántos lados tienes. Bullía en su casa de familia, de árido patio, perro viejo y tres o cuatro arbustos, la paciencia de enseñar lo que sabía. Hombre mayor ya y cicatrizado, mas no anciano venerable. En edad laborable, chofer estatal.

Sostenía un espejo humeante y explicaré, no por antropología sino en lengua esteparia, lo que ello significa: paz al entorno y en el centro, vorágine. Guardián de prenda de Palo Monte, custodio de un azar sin dueño, Lázaro era y es hijo de Lázaro.

No dice de entrada lo que sabe, señala una cansina escalera de sueños. El poeta cree que es una materia más de la anciana poesía, habituado a la metáfora: coincidencia y disyuntiva de juicios. Pero Lázaro no juega a destiempo ni a deshora, ve la televisión, repara el auto que no es suyo, toma con calma el ron y la metáfora, y al final, como yo, como cualquiera, se embriaga y se acuesta.

Así, cuando derramo agua en su umbral, repara en ello y ríe «¿Artista?». Como que yo creyera que él no reparaba en lo que pudiera suceder en la puerta de casa, en el acto. Y conciencia del mismo. Padrino, Tata Nkisi de un barrio llamado Las Cañas: «Este tratado sí no te lo enseño», me muestra la firma, el círculo de flechas en papel de estraza, con las manos embarradas de grasa de automóvil, o aceite de freír. Si lo veo chapear, con machete herrumbroso, piedras que crecen entre la yerba amarilla,

«¿Vas a sembrar ahí?»

«No, es para que el día de la fiesta de San Lázaro no tropiecen los bailadores».

Igual, bailar Palo es como tropezar con lo invisible, pateando desde el fondo.

Un día, que empezaba la primavera, me notó impaciente. ¿Quién se apresuraba? ¿Yo o él? Me inició en Semana Santa: «No se debe, pero el Muerto dice que no hay mejor trabajo que sembrar en tierra prohibida». Cada caso es una cosa y no hay ley que la funda. Su Muerto tiene cicatriz en el ojo de la vida, canta cuando tiene fatiga.

¿Detenerse, Tata? «Te voy a contar. Una vez quedé perdido en el llano, con carro y todo y tuve un sueño. Un sueño que desafiaba todo lo que era mío: La gozadera. Te digo que a veces es el cumplimiento lo que quiebra el hueso del hombre, pero es también el hueso del vivir». Para variar, me dice «Siéntate». Creí quería decir «asiéntate», pero ya estaba asentado. Él comprendía que natura y meditación no son distintas, siempre encajar lo mismo en el hueso de las mismas cosas, lo diferente.

No le gustaba hablar de brujería.

¶

Hoy que Vicente ha muerto –no es un hoy abstracto, lo han sepultado ayer 11 de enero–, interrumpo cualquier otra remembranza para beber de aquel hecho cuyos animadores llamamos «la casona».

En la calle Línea, suerte de villa heredada de la republiquita, fungía la casona cual dependencia de la institución Teatro Estudio. Varias veces, a lo largo de los noventa, Vicente y yo nos habíamos reunido allí para efectuar esa combinación de ritual, diálogo y fuma que él llamaba «trabajo». Este apuntaba, por una parte, a un estudio de la relación tú-yo, meditación razonada (no siempre racional) acerca de las percepciones y emociones recíprocas; por la otra, hacia la improvisación de actor, ya en el plano de los desplazamientos físicos (pasos, relaciones espaciales, e incluso danzas), ya en el de los discursos o lenguajes: poemas, canciones, mantras.

En el 97, Vicente invita a trabajar allí a un escueto grupo de actores noveles y se va conformando un repertorio de solos entre los cuales destacaba, como motor y visión de lo que en aquel lugar se gestaba, la versión que realizara Alexis Díaz de Villegas de «El Trac», de Virgilio Piñera. Los espectáculos abrían de noche en una atmósfera de vendimia (así conocí a la madre de mi primer hijo) y en la misma atmósfera cerraban con un aire mixto de tablao, rumba y manifiesto poético, en el cual Vicente intervenía a modo de recogido maestro de ceremonias, en un ejercicio más bien introspectivo que espectacular.

Era otoño, había que organizar la fiesta. Vicente insiste en el sistema de guías que sirven de enlace entre su dirección (distante en lo profesional, íntima en lo profesional) y un variado grupo de participantes, donde priman los artistas «no evaluados», como dicta la jerga administrativo-cultural. En el instante inicial, hace su entrada un elemento que redondearía el sistema: el dojo zen de La Habana, en su itinerancia, pide aterrizaje en la casona, y aterriza.

El espacio principal, una sala rectangular, con un patiecillo de tejas sombreado por un canistel, se desdobla y multiplica. Al amanecer, zazen, meditación sentada. Tras retirar el altar y los cojines (o zafus), hay entrenamientos de actor (usualmente guiados por Alexis), talleres de música o danza, ensayos. Al final de la tarde, vuelve a montarse el dojo para el zazen de las siete, y solía desmontarse de nuevo para algún ensayo nocturno, espectáculo o performance, como aquel que se inventó Chung Gong, un pintor surcoreano que improvisaba con tinta y pincel al son de la percusión. El mismo espacio se abría a exposiciones de pintura o happenings y, a fines de año, a una sesshin (retiro de meditación zen) dirigido por el maestro Kosen Thibaut, quien había fundado el susodicho dojo el año anterior. Esa habitación pasaba por ser nuestra sede dentro de la casona, pero a veces nos estirábamos, como gatos sin dueño, hasta otras áreas y llegamos eventualmente a ocupar una antigua cochera, sitio ideal para otra faceta: si la sala rectangular servía para un cierto teatro «de cámara», y allí se representaba «La zapatera prodigiosa» de Lorca, la cochera asumió el montaje de un «Café Brecht», combinación de poemas y canciones del referido, una brevísima pieza, «El mendigo, el emperador y el perro muerto», más otras canciones nuestras y un ejercicio de *verfremdung* armado en torno al poema de Auden, «Musée des Beaux Arts».

Para definir este tipo de teatro basta la palabra espaciosidad. Vicente ya había alcanzado un cauto pero alegre abandono de casi todo caudal teórico y técnico para quedarse con un manojo de principios: sinceridad, espontaneidad, responsabilidad. Su labor se limitaba en buena medida a la de un observador excepcional, con un agudo sentido del ridículo. Era ya espejo, no director.

El sentido de la espaciosidad, que contagia acciones y pensamientos, dígase percepciones y juicios, contaminaba también al público, y este dejaba de serlo para convertirse en un área difusa de energía receptiva. No existía el ortopédico lunetario, ni ninguna otra forma de predisposición espacial, salvo una y era dúctil. Una tarima rectangular de madera ubicada al centro hacía las veces de mesa y escenario. Los asistentes circulaban entre nos, con nos se sentaban y consumían a la par de nos el pan y el té que se repartían mientras se entonaba una canción de Madre Coraje: «Mi capitán, detén tus tropas, deja a tus hombres descansar…»

Pocas veces vivimos algo semejante. Tampoco la mezcla combustible, en un mismo punto vital, de meditación e improvisación es cosa muy frecuente. Los sobrevivientes de la casona, que hemos sobrevivido, en lo físico, a Vicente, podemos sentirnos afortunados por ello. Por otra parte, ni su trabajo ni el nuestro están cerca de verse terminados.

¶

Antes de que ese año terminara, yo había dejado el grupo y cruzado la calle. En más de un sentido, pues el dojo zen se trasladó a otra casona en la acera del frente, perteneciente a otro grupo teatral que no hacía, ni hace, nada sustancial con ella. Una de tantas casas vacías de sentido y de amor en un mundo donde tanta gente tiene que vivir sin casa. Pavese ha hablado de «atravesar la calle para escapar de casa…» ¿Escapaba yo? Sí, ¿de qué? De la perseverancia, tal vez. Forma común de escape del que se siente prisionero de su forma humana, dígase social. Pero no dónde ir sino cómo ir es el asunto. El paso de *homo habilis* a *homo sapiens sapiens* en los niños es lo que ocupa el principio y fin de la enseñanza, y tal vez el principio y fin de nuestra vida y a eso iba, habiendo sido engendrado nuestro hijo en aquel momento.

Sin saberlo nosotros los padres. Y cómo iba sino como aquel que despeja una ecuación, desembaraza el camino de paja, pues ante un nacimiento todo es cero.

¶

Ahora que quedan más años en mi vida que narrar que páginas por ser llenadas, según las reglas de este *tour de force*, resumo y recurro a un tema astronómico, quise decir entre astrológico y anatómico: el accidente, lo supuestamente accidental.

Mi primer accidente grave recordado, pues el propio nacimiento humano es un serio accidente, fue la caída de un balcón a los once años; caí, caía por la ranura entre dos balcones cuando se interpuso, abajo, un niño que por allí corría y siguió corriendo tras la colusión con la cabeza partida. Accidente tan inusual que nadie en el barrio lo quería creer, salvo los testigos: otros niños. Y la madre de aquel, más que yo damnificado, me creyó agresor. Me fui al cine para disimular, con mi hermana y su novio Mario. Una película de aventuras, en colores; al terminar el filme apenas podía pararme.

Otra caída, de una palma joven que se partió por el peso del que trepaba sin cálculo. Me hizo entonces calcular, durante dos meses de inmovilidad reparando una vértebra, la vitalidad que existe en un simple gesto. Cagar, por ejemplo, me llevó nueve días la primera vez. Y cantar, más de cuarenta.

Hace años, un astrólogo, señor Novoa, me confió que los accidentes, en especial si llevan sangre, promueven un leve movimiento en la rueda kármica, tal como lo haría un sacrificio si se da el caso que el implicado decide dejar atrás un cierto modo de vivir, modelos fijados en vidas anteriores, que a veces no son más lejanas que la semana pasada o el momento antes del accidente.

Jean Rostand ha dicho que el hombre no es el fruto de una voluntad lúcida sino «un accidente entre los accidentes». Y esos accidentes pueden estimular una cierta lucidez de la voluntad; si por la aceleración de una bicicleta cuesta abajo hacia el mar no logro la curva deseada y me estrello contra poste de metal provocando fractura de cúbito derecho, descubro que la zurdidad de la que he sido privado desde la infancia es recuperable si existe una motivación suficiente. Por ejemplo, escribir poesía.

Por otra parte, la fractura llamada «del boxeador novato» puede ser la más humillante, pues el entendido reconoce la causa: la ira ejercida contra un objeto inerte, pared, puerta, ventana, descargo de una voluntad muy poco lúcida. Así regreso al fin del terapéutico principio que prescribe que no hay nada accidental y pergeño estas décimas:

> Cuerpo, somos sombra y luz
> somos sombra luz y umbral
> nervio, fémur, femoral
> astronomía y testuz.
> Miembro, menjunje y lombriz
> águila y moco de pavo
> ciencia, reguilete y rabo
> donde funda la raíz
> el buen esclavo:
> el hombre, la mujer, el sol
> el mar, la veteranía
> trozo de soberanía
> en un do re mi fa sol
> de músculos invisibles
> de árboles insospechables
> de cuerpos insobornables

Habana, 5 de febrero, 2012

Reina María Rodríguez
(1952)

Esto es todo

1.

No es solo el título del último libro que escribiera Margarite Duras antes de morir, es una frase que Clarissa, el personaje de *La señora Dalloway*, repite constantemente en la novela, donde aparece también otra frase que ha sido muy importante en mi vida: «esta sensibilidad de las impresiones», que sigue de una manera en la que nunca la usé: «había sido su desgracia, sin la menor duda», aunque supongo que esa segunda parte estaba implícita, y que la usé más como deseo de encontrar siempre aquello que sería imposible, que como protesta contra haberlo buscado, incluso, sin hallarlo.

En este momento abro de nuevo los libros que he leído, apenas otros nuevos, sino que vuelvo hacia atrás rastreando el eslabón donde me perdí o algo se me fue sin aferrarse, y siento cómo las frases que he buscado describen todo lo que he sido, ni más ni menos, un calco de lo que mi sensibilidad decidió seguir. ¡Pura literatura, mi vida! No sé si eso es bueno o no, solo sé que ha sido así, que estoy marcada por los personajes, identificada por ellos con sus pensamientos y por sus acciones. Tomando cualquiera de estos libros que he perseguido (la lista sería larga), me encuentro. De donde se desprende que la literatura es una construcción que no sólo va hacia afuera, hacia la comunicación o la búsqueda del otro, sino ante todo, hacia uno mismo, taladrando allí donde creemos ser originales o novedosos, para decirnos: «te creías esto o aquello, qué tonto fuiste».

Un momento importante en mi vida fue cuando encontré a Virginia Woolf, gracias a las cajas de libros que un amigo, Alfonso Chase, me mandó desde Costa Rica. Allí venían *Tres guineas*, *Las olas*, *El faro*, *El cuarto de Jacob*, *Un cuarto propio*. Creo que *Entre actos* y *La señora Dalloway* los obtuve después, así como los relatos completos que perdí y luego me devolvieron con otro nuevo ejemplar –con esos extraordinarios relatos: «Objetos sólidos», «Azul y verde», que son esos tonos difusos del mar que siempre he preferido, junto con otro ejemplar donde están sus comentarios sobre viajes. Virginia fue una manera de subir y bajar graderías, imponerme mirar de otra manera, entrar por capas y capas hasta algún fondo. «Robarme», como quería también Roland Barthes, su manera de concebir el lenguaje, salvando las diferencias de época.

Jamás olvidaré ese momento en que el alfiler cae al suelo (de *Momentos de vida*: «Los alfileres de Slater no tienen punta») y ella recuerda con esa caída todo lo que ocurre en ese instante –que es la penetración más fuerte que alguien ha hecho, desde la punta de un insignificante alfiler hasta el suelo. Y, aunque haya escrito «Prendidas con alfileres» sobre ese tema y mi poética pase escurridiza entre sus pausas, sus observaciones, aquellos actos triviales (como sacudir una hebra blanca sobre un pantalón) y la comparación con los pétalos que lo conformaban, consolidándolo, en «Felicidad», no ha sido suficiente para hallar una respuesta. Porque ella no se agota en el símil, sino que atravesando contextos muy disímiles salta desde una observación hacia otra probabilidad, creando un paralelismo que solo se establece en su manera de ver.

Los intersticios, en los relatos de Virginia y en sus novelas, abren rutas por las que uno se fuga hacia zonas que cada vez más queremos descubrir y atar, para desenvolver de la madeja de incidentes que no se quedan en el argumento, sino que el argumento mismo es la escritura que crea a cada momento estructuras deliberadas. Estas estructuras –como capas de tul y cintas– se unen y separan, creciendo, decreciendo, divergiendo muchas veces, haciendo la armazón del texto que se hunde cada vez más hasta el delirio de un tejido único e irregular entrelazando las fibras en arpegios.

Me acerqué más al estanque y separé los juncos para ver más hondo, a través de los reflejos, a través de los rostros, a través de las voces, hasta el fondo. Pero allí, debajo del hombre que había estado en la Exposición y de la muchacha que se había ahogado y del muchacho que había visto la carpa y de la voz que gritaba ¡ay de mí! ¡Ay de mí!, siempre había algo más. Siempre había otro rostro, otra voz. Un pensamiento llegaba y ocultaba al otro. Pues, si bien en algunos momentos parece que la cuchara está a punto de sacarnos a todos, con nuestros pensamientos y anhelos y preguntas y confesiones y desilusiones, a la luz del día, por alguna razón siempre resbala y todos volvemos a hundirnos en el estanque. Y una vez más su centro queda cubierto por el reflejo del letrero que anuncia la venta de la granja Romford Mill. Ésa es quizá la razón por la que nos gusta tanto sentarnos y contemplar los estanques. (De «La fascinación del estanque», *Relatos completos* de Virginia Woolf).

II.

Pero hay lugares por encima de lo imaginado, incluso, de lo relatado, donde la palabra queda suelta, escurridiza, imposibilitada para una descripción. Eso no le pasaba a Virginia, pero me ha pasado a mí: cuando la palabra se ahoga en su estanque. Cuando no logras sacarla de él, porque ha quedado presa de estructuras quebradas enredándose en las algas. Así fue en Padua, en el hostal Los frailes, al lado de la basílica de San Antonio donde pude comprar solo dos medallitas baratas –una para Elis, la otra para mí–, con la imagen del santo y de lo que no he podido soltar ni una palabra hasta hoy. El tema quedó mutilado por la visión, preso en las aguas oscuras de un estanque.

El que iba conmigo no quería seguir el viaje porque no nos alcanzaba el dinero, pero insistí y seguimos el camino, cogiendo once trenes y seis aviones. Volviendo de Padua, donde escuché repicar las campanas de la basílica de San Antonio y donde por fin vi la arena de Padua, el jardín, las estatuas por las que escribí el libro *En la arena de Padua* (1991), sin tener por entonces la más remota idea de qué sentimiento despertaría en aquella muchacha envejecida que ya no juega al diábolo ni lo lanza.

Luego fuimos a Venecia, a la que llegamos en un tren con proa de barco moderno contrastando con sus edificios a punto de caer sobre el agua en el reflejo de un color tras otro, de una historia sobre otra. Caminábamos entre «marcas de agua», el libro de Joseph Brodsky, casi sin ver más que entre el tumulto y el sol de la primavera fragmentos de un puente, una plaza, sentándome a descansar en los bordes de los canales turbios, apestosos, porque no podíamos sentarnos en aquellos cafés: eran muy caros. Y por eso, Venecia me pareció inclemente, porque no hay apenas bancos donde sentarse sin pagar y porque las góndolas son hermosas y caras como mujeres de lujo.

Leyendo el libro de Yves Bonnefoy, que recorrió Italia deteniéndose como un viajero en su pintura del Cuatrocientos, mirando a través de él lo que no pude apreciar cuando estuve allí (como no vi las aguas parduzcas del Danubio a cuya Riviera llegué desde Viena), siento cómo la literatura me acerca mucho más que la estancia en el lugar —que es un presente sin metafísica—, donde no logro estar.

¿Qué horrible imposibilidad la de no estar donde se está y donde se está para un después que no existe?

Esa manera de desencajarme de los riesgos de lo real; del estar ahí que siempre me horrorizó. Por eso, viajando sin viajar descubro una sintaxis que me hace ver los reflejos de lo que no vi o escuché: un agua en el río de Florencia o en Venecia, el sonido del Vaporetto o, derrochando corazones y frutas –de madera policromada frente a un cuadro de Arcimboldo–, tan contemporáneo como nosotros o quizás más, como siempre he pretendido estar: entre un antes y un después.

«Oídos y vista» –me dice un gran amigo al dedicarme este libro, «El territorio interior», y pensando en ese espacio que como dijera I.B. «construyeron Jaipur, como Amber, para que el aquí y el lugar que esté en otra parte, que en todo sitio se oponen, "aquí en este lugar que desaparece" encuentran sus nupcias». Ese lugar que esperamos reconstruir también a través de una página de «Capitulares» de Julien Grec. O de «El Danubio» de Claudio Magris. Pasando, incluso, de lo más literario a lo más popular –escuchando viejas canciones de Charles Aznavour, con su metal de voz que me arrastra hacia la inocencia que fue la juventud–, comprendo que estoy detenida frente a una madonna de Leonardo de Vinci que ha creado un momento de desolación tal, que la mayoría solo pretende reducir en ese espacio de incertidumbre de una foto: flash, flash, flash, sin ver tampoco que en el rostro de esa mujer estaba marcada ya, la ironía con la que el pasado nos ve, burlándose de nuestra miserable velocidad que se lleva algo duradero.

Más allá, encuentro un San Francisco de Asís de madera policromada justo al entrar al enorme salón del Louvre. Lo recuerdo porque un cuatro de octubre Minita, la madre de Osvaldo Sánchez, sufrió un infarto y su perro se llamó Francisco, por ella, uniendo una fecha, una devoción y un suceso terrible en sus vidas. Llevo tiempo tratando de poner (y componer) esas fotos que también hice en el museo para terminar frente a ese ícono sin saber si lo volveré a ver, pensando en que siempre involucro algo a personas o hechos del pasado, nunca mirando hacia lo que sucederá. En lo nuevo, coloco ese ayer que me lastra. En los libros coloco la relación que se ha tejido hacia ellos. ¿Dónde ocurre, entonces, la miserable separación entre la escritura y la vida? ¿Existe acaso esa brecha? ¿Por qué me he vuelto recurrente en sobrevivir en esta franja?

Escribí muchos libros intentando hallar esta respuesta, con miedo a que llegara el último sin poder responder y llegando hasta aquí, a la frontera donde me instalé entre la literatura y la vida, con sus reflectores iluminando por momentos lo que siento y oscureciéndolo por tramos después, soy la misma persona indefensa cuyo cúmulo de lecturas y escritura no la defiende de la ruptura entre el mundo del imaginario y el de lo real. Esta es mi frontera. Aquí me encuentro a término del tiempo de un cuerpo buscando todavía comprender ese por qué. O buscando tal vez algo a lo que asirme que no sean palabras, pero dudando de que haya algo más que las palabras para comprenderlo.

Otros autores se encontraron junto a las alambradas o dentro del agua, y optaron por concluir con un disparo o un hundimiento este conflicto, pero le temo más a seguir con esta incertidumbre que al ahogo o al disparo. Aunque muchos viajes me llevaron a intentar conectarme con la realidad, aquí o allá. Sé que fue mi comodín por incapacidad. Pero, ¿hacia dónde mirar ahora? De nuevo, ¿hacia un parque? Los parques son la frontera entre el día y la noche. Entre la espera y lo que sucederá. Entre la miseria y la riqueza. Y si son como estos, inventos de parques, donde cada uno pone algún juguete, algún instrumento o pedazo de palo o metal para lograr música, caballo o princesa de trapo; si traen consigo luces que apenas nos alumbraran, pequeños reflectores con sus noches cerradas de objetos reciclados sobre nosotros, ¿podremos festejar la lucidez de un parque aún entre sus escombros?

Vi las fotos de estos parques y recordé aquellos caballitos de los parques de diversiones de verdad: Les Halles con su estrella brillante iluminando París, a la que por miedo ¡no subí!, tampoco a la del Conney Island, hundida en medio de la ciudad, en La

Habana, pero sentía debajo de ambas el sonido de sus hierros mohosos y prietos. Los niños veíamos aquella montaña rusa, la estrella y el tiovivo esperando un después en el que funcionarían, pero «Los caballitos se acabaron» –dice un anónimo que opina sobre un texto de Fernando Dámaso publicado sobre este tema.

El Jalisco Park siempre me asustaba porque detrás quedaba el cementerio, y sólo me metía corriendo en los carros locos para sentir vértigo. Ahora, al encuentro de esos parques fantasmas de provincias, con el peluche prestado de algún niño que duerme soñando con un parque, la poca o casi ninguna iluminación donde la oscuridad retiene aún más la sombra de esos restos espectrales, pienso en la diversión perdida.

La música chatarra enloquece y la visión nocturna es frágil para delatar cada rinconcito donde aparecen, de pronto, en el camino de la noche: un potro, una vaca de metal, un caballo de madera maltratado por los años. Al final de cada jornada atravesamos los parques, y aunque sigo cuidando de aquella niña que fui y que no volveré a ser, no los miro. Pasan de soslayo, porque me dan horror: botellas de ron tiradas aquí y allá, una bocina antigua, cables enredados entre la yerba, donde pululan jejenes y mosquitos que en la noche sueñan convertirse en luciérnagas y montar conmigo los aparatos que no existen ya.

También, trato de hallar un circo que me recuerde al circo «Ripiera» de mi infancia, con su carpa azul, sus payasos que daban tristeza y el viejo disfrazado de oso que un día se cayó de un andamio, pero tampoco hay circos, porque cuando todo es un circo no se les puede diferenciar. Y me pregunto: ¿Qué somos sin parques ni circos? ¿En qué niños contrahechos ya ancianos nos han convertido? Cuando un perro sale indefenso del set del parque rastreando algo que comer entre basura desperdigada, perdida su dignidad (y la mía), soñamos pisar la yerba húmeda, enroscar nuestros cuerpos contra los desperdicios del contén, prestarme su arreo y soñar otra vez la niñez: «el carrusel donde la sangre juega / en su orgía perpetua». (De «Catch and release»).

Pero, ¿cómo terminar un libro si no puedo tener un parque: esa frontera entre la infancia y la adultez, entre la vejez y la muerte?

Siento, encima de mí, los ojos de todos los que esperaron del sitio a donde iban, buscando una esperanza encima de aquellas sillas voladoras, del algodón de azúcar, del tiro al blanco, los kioscos, las rositas de maíz, los caballitos de Guanabo, el avioncito del amor, los pulpos, para hacer un viaje sin ir más lejos que el deseo de marearse y hallar «la luz más crepuscular que existe» desde esa frontera que el parque nos da bondadosamente. Siento las miradas de los más viejos que me miran defraudados porque el parque no es sólo un lugar para la infancia, sino sobre todo, para la vejez.

Una cachimba, una canequita de ron, una pausa en la vorágine del día y un refugio en la noche.

Ninguna definición de parque me podrá contentar. No sólo se fueron los amantes, sino los sitios donde reverenciar la luz con ellos. Los entrecruzamientos, las esquinas. Aunque los vuelvan a pintar con cal blanca; aunque los disfracen con palmeras postizas; con cadenetas de papel conmemorando algo, los lagartos saben. Y forzar a que la única frontera de una vida sean ellos es conformarnos con los que no pudieron actuar contra una frontera real. Los que se quedaron presos en las inmediaciones de un parque que les daría la paz y la prosperidad que no obtuvieron.

Tampoco quiero forzar de nuevo a Peter Sloterdijk con sus parques humanos, a que me saque del atolladero y me preste de su filosofía para concluirlo. Veo a Mario —el pintor que tendrá pasados los noventa años— al pasar, conversando con los otros viejos del parque las últimas noticias, lo que falta y el reuma. Ellos sí tienen una filosofía de lo que han aguantado y de lo que no cambiará, ni las estaciones ni el gobierno. Están domesticados por la carencia y no esperan ni que una hoja ni una piedra al caer los mate. Tienen del mármol de las estatuas, la resistencia.

Hace unos años escribí un texto sobre Fortún, el anticuario de la calle Salud, sobre un escritorio que vi en «Los dos leones», que por entonces ya no era una ferretería, sino una tienda de arte. Pensé que allí estaban guardadas muchas cartas con peticiones a él —como si fuera un dios que intercambiaba prendas y antigüedades por deseos. Estas cartas con sus deseos de entonces las inventé, pero ahora encuentro otra real que se me quedó, una carta escrita por una niña de ojos asiáticos que me pide un parque donde bailar junto a la fuente de Tropicana: un parque en esta ciudad para regresar.

¿Podría darle un parque? ¿Limpiar de la escena los bancos con sus vagabundos? ¿Los gritos de los que esperan cualquier cosa no definida, pero concreta, entre las ramas? ¿La vagabunda que soy y que seré más allá de cualquier recurso literario esperando por alguien? Lo que fuera el edificio de la esquina de Galiano y Virtudes, la antigua ferretería «Los dos leones» se derrumbó ayer después de un aguacero. Así quedan sepultados los deseos de aquellas cartas que inventé y el dominio de un anticuario que quiso dar esperanza.

Al comenzar este libro quería descubrir qué esconde una caja de dragón, ahora, quiero saber qué esconden una frontera, un parque.

//
Roberto Uría Hernández
(1959)

El Espartaco espantado

Razón de ser

Por poco se me enreda la lengua y termino escribiendo «El espantapájaros estacado». Pero ni me siento atravesado por una estaca negra ni espanto a los pájaros. Al contrario. A estas alturas de la vida me siento como un gajo nudoso en el que se posan todas las aves del mundo. A veces también me siento como cagado por algunos de estos seres plumíferos, pero dicen que esto es buena suerte. Como también es bueno monologar por un rato sobre mi vida. ¿Por qué tendría que hacerlo? ¿A quién puede importarle una vida más en un mundo superpoblado? ¿Por qué tantos se dedican a escribir o a hablar sobre su propia vida sin nadie pedírselo? Será que el ego les susurra al oído que sí, que cuenten detalles de sus fascinantes viditas. ¿Me estará pasando lo mismo? Porque no creo que haya nada excepcionalmente interesante o heroico en esta biografía. ¿O sí? No sé. Toda vida, por muy humilde o discreta que haya sido, tiene sus vericuetos y sus sombras que pudieran resultarles interesantes a alguien: la curiosidad excitada preña a cualquiera de verbos, sobre todo de los interrogativos.

Además, está el principio de que todo es relativo y lo que a mí me calienta, a otro lo deja frío. Una vez conocí a un hombre con cara de matón sangriento, pero muy tranquilo, un brillante profesor universitario que enseñaba filosofía, pero parece que tanta sabiduría lo empachó y tocó fondo, no le quedó más remedio que volver a cierta normalidad que lo mantiene muerto en vida, para bien de la «suciedad» –digo, de la sociedad. Y ahí está el ex maestro con ese rostro inexpresivo que oculta su historia. Como todos, porque nadie calcula qué se esconde detrás de cada cara, qué pasiones, qué traumas, qué egoísmos y qué grandeza, qué luces y qué sombras. Así somos: una sopa en la que se mezclan todo tipo temores cósmicos. Toda ficha de vida comienza por una fecha. Recuerdo haber oído de alguien que este dato personal sólo resultaría interesante si coincidía con la fecha de acontecimientos trascendentales para la humanidad.

Alumbrado en agosto

Cuando se nace el 6 de agosto de 1959 no se puede andar por la vida con total impunidad. (¿Se acuerdan qué pasó otro 6 de agosto, pero de 1945?). Lo demás ya lo saben. El primero de enero de aquel año en Cuba hubo un accidente mortal en el que unos cuantos millones de almas se dejaron conquistar por unos jóvenes barbudos, blancos y viriles, que llevaban collares de semillas de santajuana y que descendieron de la Sierra Maestra, como dioses que bajan del Olimpo, dirigidos por el rey de la testosterona, el mejor y el más completo, el dios sol, el innombrable, el camarada que en buena hora se dejó crecer la barba, «quien tú sabes», ¿hay que nombrarlo? Nacer, crecer y llegar a la adultez junto con ese descalabro que ha sido y sigue siendo la Revolución Cubana —la «Robolución», como todos saben, porque se robó hasta el aliento del dolor—, es una marca de fábrica indeleble. Parece que este tropezón, junto con una adecuada conjunción de astros, ha determinado esta vocación de liberto que padezco. Porque lo del «Espartaco espantado» no es sólo un jueguito de palabras para crear intriga: es una definición de principios y de finales.

Espartaco fue un esclavo, tenía alma de hombre libre y los cojones suficientes como para conquistar su libertad; tuvo muy presente el viejo refrán de «A Dios rogando y con el mazo dando». Nada de resistencia pasiva a lo Gandhi ni carticas melosas pidiendo una libertad que los esclavistas no le iban a regalar ni invocación de derechos humanos violados, que esto excita más a los violadores. Espartaco sabía muy bien que la única forma de ser libre es tener necesidad de serlo y lanzarse a parir esa libertad sea como sea. Ganó su batalla porque cayó en combate después de tener en jaque a miles de legionarios romanos durante bastante tiempo, es decir, siglos después todavía recordamos a ese esclavo libre porque *ganó su batalla*.

Lo mejor para amar la libertad es vivir bajo una dictadura real, de esas que pueden o no tener un rostro visible, pero que se sienten todos los días hasta en los gestos más primitivos. Cuando joven me pregunté muy seriamente a qué había venido yo a este mundo, y una voz que no sé de dónde salió me dijo bajito pero con firmeza: «Hijo mío, te he echado al mundo para que seas libre algún día. Así que ya tienes en qué entretenerte, mientras yo te preste vida. Porque no pienses que un día te vas a declarar libre y ya. No, hijo, esta hambre no llega a satisfacerse nunca por muchos peldaños que devores subiendo a tu trono».

Y aquí me ven admitiendo la realidad, asumiendo el destino y venciendo *el* instante, que no es lo mismo que vencer *al* instante. Hasta ahora, mi vidita ha sido un desafío a las dictaduras: a la dictadura de los adultos; a la dictadura de los colegios que tratan de domesticarnos; a la dictadura de la religión, que hace todo lo posible por alejarnos de Dios y no dejarnos ser dichosos; a la dictadura de los horarios laborales, que no le da tiempo al tiempo del que estamos hechos; a la dictadura del dinero, que no compra la felicidad pero calma los nervios; a la dictadura de los Castro; a la dictadura de las pasiones, que esclavizan y desangran y a veces engrandecen.

«Trágate la pregunta»

De niño, las expresiones que con más frecuencia escuché fueron «Traga» y «Cállate la boca». Era muy lento y entretenido y podía estar masticando el mismo bocado durante horas, mientras mi madre sostenía en el aire la cuchara. Por muy amantísima que sea la progenitora, y más si es atómica, se le cansa el brazo, se pone histérica ante el engendro que Dios le mandó por hijo y termina aullando un «Traga» de proporciones épicas. Lo de «Cállate la boca» fue porque salí hablador y preguntón y los adultos, con sus cargas de problemas, no siempre tienen la paciencia, la energía y el tiempo para responder como Dios manda: «¿qué quiere decir que la vecina le pega los tarros al marido?». «Mami, ¿qué quiere decir maricón?». «¿Por qué la gente se muere?». Había que callar al niño de cualquier manera. Más cuando los adultos, exigentes cultores de la verdad, mentían, y yo saltaba, afirmaba que aquello no era verdad, que por qué decían mentiras. El repertorio represivo podía abarcar desde el sonoro pescozón hasta la penitencia de no ver televisión por una semana. Pero uno desarrolla sus mecanismos de supervivencia y aprende a decir mentiras, a regatear información y a inventar verdades. De alguna manera hay que hacerse adulto.

Lo de la escuela es harina de otro costal, aunque igual forma parte de la esquizofrenia que nos inoculan. Más en la Cubita bella que me tocó de niño, esa de la efervescencia revolucionaria y atea, la de los cantos a las guerrillas de América Latina y a un asesino fotogénico apodado «Che» que luego se iría convirtiendo, gracias al folclorismo de los europeos de izquierda y a la voracidad del mercado, en imagen de pulóveres y jarritas, veneradas por los llamados «progresistas» del globo, que dizque luchan por la libertad de los pobres. Me tocó en suerte caer en manos de un estado buen pastor, que se iba a encargar de mi esmerada educación, comunista y atea, por una parte, mientras por la otra, mis padres, que ya no me pertenecían, se encargaban religiosamente (ellos tan erráticos en sus creencias) de mandarme al catecismo de la iglesia católica. Todo un desafío para un alma tierna y abismalmente inocente. Lo mío era gritar durante los matutinos «¡Pioneros por el comunismo: seremos como el Che!», y luego, por la tarde, rezar padrenuestros, avemarías y confesar pecados, que tenía que inventar, porque no me sentía pecador en nada y para nada. Espartaquito se iba perfilando como un esclavo conflictivo con carita de ángel feroz.

En cuanto dejé de ser analfabeto, descubrí que además del dominó, el parchís y las damas, la bicicleta y los patines, los muñequitos y la radio había unas cosas extrañas llamadas «libros», que cuando los abría se convertían en casas hospitalarias, en campos de silencio, en reinos infinitos de sorpresas, en bastiones de regocijo y, como descubriría más tarde, en poderosas y afiladas armas para conquistar la libertad individual, la única que existe. Cualquier libro era bueno y generoso para saciar el hambre de mundo. Cualquier cosa que tuviera letra impresa: revistas, periódicos, cancioneros, era pura magia, pero en especial el *Larousse*, que ilustra y libera, desde su obesidad fértil.

A pesar de haberme criado en la típica esquizofrenia cubana tuve una infancia hospitalaria, a pesar de las carencias, de la sopas de chícharos con pan y de los zapatos plásticos que tuve que usar, porque compartí mi tiempo entre La Habana Vieja y Trinidad. La consciencia de la Historia y el contrapunteo entre lo moderno y lo antiguo lo bebí desde que tuve uso de razón. La Plaza de Armas, la Alameda de Paula, la Catedral, las plazuelas con esquinas de fraile, las iglesias y sus campanarios, en especial la iglesia del Santo Cristo del Buen Viaje, frente por frente al enorme caserón colonial, con sus vitrales policromados, que me tocó en fortuna como hogar, en La Habana, fueron mis escenarios naturales. Trinidad, la tierra de mis ancestros, con el macizo montañoso del Escambray de telón de fondo y el Mar Caribe a sus pies, fue el primer ensayo de libertad en todas y cada una de las vacaciones que pasé con mis abuelos, tíos, primos y un sinfín de parientes. La finca El Barral, donde nació mi madre, fue mi paraíso de verano.

En la bella Trinidad, con su rostro de chinas pelonas y su aroma de jazmines por la noche, la lengua española sabía distinta, más añeja, como enquistada en lo que fue rica cuna de sacarócratas y devino trozo de pasado dormido en el centro de la isla. Allá se decía «gradas», no escalera; «tapia», no muro; «pluma», no llave del agua; y el nombre de las plantas olía a misterio. Trinidad era y es para mí decir aún: baño en aguaceros torrenciales; cabalgar en caballos hurtados al mediodía, mientras los tíos dormían su siesta; comer ciruelas verdes trepado en el crujiente árbol; tomar champolas de mamoncillos; orinar bajo millones de estrellas pisando la hierba húmeda; contemplar cómo el sol se iba ensartando entre los picos de los montes; alumbrar los caminos con faroles y quinqués; escuchar clandestinamente la emisora de radio La Voz de los Estados Unidos de América, al lado de un abuelo, sabio y escéptico, que al niño hablador y preguntón que yo era le decía «El Vate», condecorándome con un título de poeta inmerecido. No me puedo quejar.

A los siete años me llevaron por primera vez al psiquiatra: el niño era raro. No era «normal» que prefiriera los libros al bate y la pelota. Tenía cierta tendencia a ser racional, lo que en una isla de adultos enloquecidos, que entronizan día a día el absurdo, es pecado mortal. Había que ponerme algún correctivo para hacerme más ordinario, más «fuerte», más macho, más imperceptible. Pero, ¿qué pastilla darme para volverme «normal»? Parece que el primer desconcertado fue el pobre psiquiatra, que le dijo a mi madre que no había mucho que hacer conmigo, que me diera tiempo a crecer, para ver cómo «evolucionaba», y que me dejara protestar de vez en cuando, aunque fuera en voz baja, para manifestar mi personalidad. Sí, me daban el derecho a ser protestón, al menos en el seno familiar, que hacerlo en público me podía costar caro.

Vida de príncipe

Fue una «vida de príncipe», aunque no tuviera mucha consciencia de ello. ¿Cómo se puede llevar tal vida en medio de las carencias materiales? Cuando se tiene una madre que es una verdadera revolución luchando por mantener a sus hijos, sola, porque mi padre desapareció muy rápido de nuestras vidas, y sus otros compañeros sentimentales fueron unos miserables. Gracias a ella, que fue costurera, manicura, secretaria, artífice de cambalaches inauditos –como ese de cambiar porcelanas finas por frijoles o carne–, trapichera mayor, no pasé hambre y tuve lo básico cubierto, sin lujos, pero con un bienestar que luego me ha resultado envidiable y que me preparó para vivir en muy disímiles circunstancias y en diferentes latitudes.

Mientras crecía, me dedicaba a estudiar lo que quise estudiar, a leer (de todo), a consumir cultura –cine, teatro, ballet, artes plásticas–, a la contemplación –y a la «templación» con…–, sin pensar en tener que limpiar la casa, o lavar y planchar la ropa, o en tener que cocinar o preocuparme por algo. Yo me daba vida de príncipe, mientras mi madre me aleccionaba para que saliera al mundo con su ejemplo de guerrera por la familia y la vida. Cuando le pedíamos algún lujo exótico, digamos, un plátano de fruta o un mango, por no decir una gelatina o un chocolate, y no había, mi madre, con una tranquilidad pasmosa, nos decía a mi hermana y a mí que no tenía de dónde «inventar», y ante las quejas mías o de mi hermana declaraba: «¿Qué quieren, que me levante la saya en medio del parque, a ver qué me dan?». Y había que terminar muertos de la risa. Con ella, que afirmaba con razón que era «el hombre y la mujer de la casa», no hubo miseria que pudiera hacerme mella nunca, mientras viví en Cuba, a la sombra de su incondicionalidad, de esa extraña fidelidad femenina de madre, que aún no logro descifrar del todo.

Era Eros y no ira…

¿Tendría que mencionar nombres, sin tener autorización de los seres involucrados, en mi biografía erótico-genital? Una fuerza poderosa me empuja al pudor. Pero habría que ser un caballero de punta en blanco para no caer en la tentación de contar alguna que otra aventura, tropezón sexual, amago de romance, enamoramientos abismales, pasiones devoradoras o escarceos hormonales –sólo para amigos–, que por estas hormonas comienza todo. Cuando ya se ha perdido, desde hace tanto tiempo, la inocente cuenta de amantes –de una noche, de unos meses, de varios años, de toda la vida, de nunca–, se puede llegar a la conclusión de que el amor no existe, a no ser como una obra en progreso en la que todos somos aprendices. El Espartaco espantado que soy se libera, encadenado a sus deseos, a su hambre de hombre. Pero el mundo se ha vuelto tan exhibicionista que a uno no le queda más remedio que volverse pudoroso, defensor a ultranza de la privacidad. Por eso me niego a estar mostrándome, en plena desnudez, en Facebook o en cualquier otro «solar virtual» donde se ventilan las neurosis nuestras de cada día y de cada noche. Para psiquiatra tengo a Dios.

La «casta» de las Américas

En Cuba sólo tuve dos trabajos, luego de que me graduara con el rimbombante título de Licenciado en Filología, con especialidad en Lingüística Hispánica (al pergamino acreditador le faltó la diéresis), por la Universidad de La Habana, en la que tuve, todo hay que decirlo, excelentes profesores y un maestro de maestros, mi amigo, Pedro Salvador Redonet Cook, uno de los seres más extraordinarios que he conocido, al igual que Jesús Díaz Ribot, mi maestro de literatura y español en la escuela secundaria. Ambos fallecieron jóvenes, devorados por la intensidad de sus almas y por la realidad, pero están cada día más vivos en este diálogo permanente que sostengo con ellos, desde el estupor cotidiano.

Mi primer empleo («colocación» hubiera dicho mi abuela) fue como asesor literario en un municipio de cultura de La Habana, en La Lisa. Por supuesto, fue a través de un amigo que «resolví» el trabajo y la posibilidad de realizar mi «servicio social» durante tres años, que tenía establecido el régimen para los graduados universitarios, ese especie de purgatorio que te confirmaba, una vez más, que tu vida no te pertenecía, que eras parte de una masa humana al servicio de una casta, y que no existía tal «educación gratuita», como vociferaban a los cuatro vientos los siervos del castrismo, sobre todo fuera de la isla endiablada. No me fue mal. Ganaba una miseria, pero tenía un salario regular por primera vez en mi vida. Ejercía mi carrera a través de círculos de lectores, debates de cine, talleres de creación literaria, presentaciones de libros y tertulias artístico-culturales. Sobre todo tenía mucho tiempo libre a mi disposición para leer, escribir y socializar.

La dictadura y sus mecanismos de censura estaban presentes a toda hora. Nos exigían fiscalizar toda manifestación, oral o escrita, de los que participaban de aquella vida literaria, para evitar, supuestamente, que hubiera «desviaciones ideológicas» (de la rígida viga comunista y atea que tenía y tiene empalada a la nación); «tendencias extranjerizantes» (¿pero Marx era cubano? ¿Y Lenin no era oriundo de Santiago de Cuba?); «racismo» (claro, los Emperadores Castro I y Castro II y toda la casta mayor de mandarines son negros, negrísimos, como sus almas); «homosexualidad» (sí, en esa isla de sensualidad ambigua y de glorias «pervertidas», esto, antes de que existiera la hija del general, Santa Mariela Castro, la franciscana defensora de los «pajaritos» y «las tuercas»); y «pesimismo y desánimo» (había que ser optimista por decreto-ley, porque estábamos en el Paraíso). Como parte de mi trabajo, tenía que ir una vez a la semana a la cárcel de mujeres de Manto negro. Allí debía culturizar a las reclusas y supervisar lo que escribían en el taller literario. No hay cárcel acogedora ni agradable y mucho menos si es de mujeres. Las vibraciones del horror del hacinamiento se respiraban en el aire, pero incluso así, había muchas presas con afán de supervivencia (hasta las homicidas) y esto las dignificaba. De mi paso por este infierno dentro del infierno castrista conservo una amiga, que era la presa que dirigía la biblioteca.

Del municipio de cultura de La Lisa salté a la Casa de las Américas, en 1988. Todavía me pregunto cómo fue que pude entrar a tan codiciada institución. Y me lo cuestiono porque no tenía ninguno de los requisitos que exigían para trabajar allí: no era militante de la Unión de Jóvenes Comunistas; no daba buenos informes de mí y de mi familia el Comité de Defensa de la Revolución, CDR («Bueno, son decentes y él, estudioso, pero no participan en nada, ni recogen materia prima siquiera…»); no tenía experiencia como editor de revistas culturales; no tenía «padrinos» en la Casa. Aunque me costó trabajo, entré, gracias a una amiga, y comencé mi carrera de editor, a todo tren.

Por aquel entonces, desde hacía un buen tiempo, la Casa de las Américas ya era el feudo de uno de los seres más infames y pusilánimes con los que he chocado en los días de mi vida. Cuando conocí a Roberto Fernández Retamar («Repta-más», «Trepa-más») no me imaginé que ese hombre cambiaría, dolorosamente, el curso de mi vida y que, ironías del destino, su maldad me catapultaría a la libertad y a la prosperidad, lejos de la isla posesa. Retamar era el presidente (vitalicio, por supuesto) de Casa y una alimaña llamada Arturo Arango, el director de la revista, su delfín y discípulo. Pero también había empleados que, hasta al caminar, se les notaba la calidad humana, se les sentía la diferencia con el resto de los aborregados; con el tiempo, estos «diferentes» se convertirían en mis amigos y amigas, que aún hoy conservo, entre ellos Idalia Morejón y Marta Cortizas.

Aunque Casa tiene el estatus de organización no gubernamental (¡en Cuba! ¡Qué risa me da!), siempre ha sido y es un instrumento de penetración castrista en América Latina. Toda la institución está al servicio de la «ideología» castro-fascista y en ella no se mueve nada si no es con el beneplácito del Departamento América, del Comité Central del Partido Comunista, del Departamento de Orientación Revolucionaria (DOR) y de la Seguridad del Estado. Es decir, la política de Casa de las Américas está diseñada por las eminencias grises de la dictadura, por equipos de sociólogos, politólogos, historiadores y demás especialistas, que trazan las directrices de cómo arrebañar y poner en función de la «revolución» a todo intelectual de izquierda de América Letrina, esos idiotas acomplejados y oportunistas, que se creen muy progresistas apoyando, a capa y espada, una dictadura. O reclutar a todo escritor o artista que, sin llegar a ser de izquierda o comunista, se sienta antiimperialista.

Si la esencia de la institución es tenebrosa, más lo es la de los intelectuales y escritores cubanos que conocí allí, en su inmensa mayoría, detestables. Me daba pena ajena ver cómo vendían su alma y cómo lamían botas con tal de que le publicaran un poemita o un cuento; cómo alababan a los burócratas para que los seleccionaran jurado de algún concurso y poder llenarse los estómagos, en un hotel, todo pagado por «la revolución»; esto por no hablar de cómo se arrastraban por un viajecito, aunque fuera a la pobre Nicaragua de los sandinistas.

Al margen de Retamar, entre la fauna de la «Casta de las Américas», como era conocida la institución en los círculos intelectuales, se destacaban por su labor perniciosa para el continente la Señora Silvia Gil, esposa del ensayista castrista Ambrosio Fornet (sí, el inventor daltónico del término «quinquenio gris», cuando en realidad no fue quinquenio ni gris: «historia negra»); era la directora de la biblioteca y controlaba, como un Torquemada feroz, el acceso a los libros, sobre todo a los prohibidos, los censurados (desde Vargas Llosa a Reinaldo Arenas), que estaban en un registro exclusivo a los que no tenía derecho el público, sino sólo algunos empleados de Casa y algún estudioso de afuera, carta de autorización mediante, que justificara el contacto con esos autores malditos. Otro ejemplar ejemplarizante era Esther Pérez Pérez, la esposa de Fernando Martínez Heredia (que pare todos los años un mamotreto sobre el «Che» Guevara, y que Arturo Arango elogiaba invariablemente), que tenía el rango de vicepresidenta de la institución. Esther era muy temida porque todo el mundo sabía que era una agente de la Seguridad del Estado, que ya había trabajado en Estados Unidos como «traductora e intérprete», en la ONU. ¿Y Marcia Leiseca, la otra vicepresidenta? Hasta el nombre lo tiene bien puesto. Me parece estarla viendo todavía dándose golpes de pecho, en una asamblea («para perfeccionar el socialismo»), y jurando que ella sí que era marxista y patriota. Tanto, que ha terminado viviendo más aquí, en el «horrendo» Miami de la «gusanera», que en la Cuba de los Castro. De Pedro Simón, el «esposo» de Alicia Alonso, es casi mejor ni mencionar su nombre para no vomitar: es tan desagradable por fuera como por dentro.

En el otro extremo del espectro humano de Casa estaba el poeta Raúl Hernández Novás, que trabajaba como investigador literario. Era un gigante de estatura, inteligente y culto, buena persona, tímido, con el que llegué a tener cierta amistad y con el que «gusaneaba» a las dos manos, en voz baja, por supuesto. Un día me dijo: «El gobierno quiere convertir a Cuba en una Corea del Norte». Y vi en sus ojos el terror. Un buen día, cuando ya yo no trabajaba en Casa, me enteré que Raúl se había suicidado. No resistió la avalancha de miserias de la realidad. Arturo Arango se atrevió a escribir un artículo infame en el que aplaudía su suicidio y afirmaba que lo hubiera hecho «en cualquier parte del planeta», porque la responsable de su muerte era su «sensibilidad de poeta». Le faltó agregar que «en cualquier parte» donde se hubiera entronizado el horror del castrismo con su miseria material y moral, con su censura y su desesperanza. A Raúl lo asesinó la dictadura, que Arango defiende a capa y espada (ha creado el cuño de «generación de la lealtad» a Fidel Castro y él se ha proclamado líder de la banda). Por la feria de las vanidades de Casa desfilaron, con sus egos hipertrofiados y sus mediocridades insultantes, Antón Arrufat, Senel Paz, Eduardo Heras León, Francisco López Sacha, Pablo Armando Fernández, Soledad Cruz, Abilio Estévez, Leonardo Padura, Marilyn Bobes, Nancy Morejón... ¿Quién los leerá dentro de cincuenta años? Nadie.

Todavía me asombra que muchos artistas, intelectuales y escritores presuman de nunca haber tenido problemas con el sistema castrista. ¿Cómo es posible tal milagro? El famoso chiste (tan macabro y vigente) de que «en Cuba, todo lo que no es obligatorio, está prohibido» es una verdad como un templo. Entonces, ¿cómo no tener «problemas» cuando todo nos arroja a un filo mortal de marginalismo? Estoy muy orgulloso de haber tenido y seguir teniendo, aun en la distancia, serios problemas con la dictadura castrista, devenida ahora dictadura capitalista castrofascista. Siempre nos hemos rechazado visceralmente: ella con su esencia represora y diabólica; yo, con mi vocación de hombre libre. No hay compatibilidad posible. No hay «reconciliación» entre el monstruo omnipotente y la hormiga rebelde. Por esta razón fui expulsado de Casa de las Américas, uno de los tentáculos siniestros de la isla posesa.

Yo estaba sentenciado, sobre todo por Marcia Ley seca, que había jurado que me echaría de «su» Casa. Pero parece que estaban buscando la oportunidad ideal para no crear ni un héroe ni un mártir con mi caso. Y pasó lo que pasó… Un buen día, Arturo Arango tuvo la ocurrencia de vengarse de uno de sus enemigos, un periodista de séptima llamado Luis Sexto (¿alguien lo conoce?), que había escrito un articulito en su contra a raíz de la publicación de uno de sus cuentos (¡perdónalo, Borges!). La edición 180, del año 1990, está ilustrada con payasos y arlequines (y tiene mi ensayo «Un bromista colosal muere de luz y de orden», sobre un poemario de Virgilio Piñera, que resultó ganador del Premio Mirta Aguirre de Crítica Literaria). Y Arango le ordenó al diseñador de aquel entonces, César Ernesto González Beltrán, que incluyera una foto de Luis Sexto con un gorro de payaso. Todo el equipo de la revista lo supo. Pero era una decisión «juguetona» del director y nadie tenía que ver con esta venganza.

Sin embargo Kafka es cubano de pura cepa y entreteje los destinos de todos. Una vez que la revista estuvo impresa y circulando por Cuba y el continente americano, alguien alertó a Sexto de que le habían hecho un atentado a su estatura de «periodista revolucionario». Sus quejas llegaron hasta los oídos de Carlos Aldana, en ese entonces considerado el tercer hombre fuerte de la dictadura. El juego de Arango alcanzó categoría de «atentado a la revolución». Y comenzaron los interrogatorios a todos los miembros del equipo de la revista. Los agentes de la Seguridad del Estado tuvieron la «cortesía», y lo subrayaron muy bien, de interrogarnos en oficinas de la propia Casa de las Américas y no en las mazmorras de Villa Marista. Buscaban al culpable de semejante sacrilegio. Luego de mucho, lo encontraron: el equipo completo de la revista. César Ernesto confesó y explicó el macabro plan para desestabilizar la revolución y manchar el nombre de Casa. Nos echaron a la calle a todos.

«Repta-más» me citó a su oficina presidencial y, balanceándose en un sillón, mientras fumaba un enorme tabaco, sin mirarme a los ojos, con su voz profesoral, me comunicó que estaba expulsado. No pude ni hablar. Fue un juicio sumarísimo. Mi mundo se derrumbó en un segundo. Todavía no me perdono las lágrimas que se me salieron delante de él. Esto fue el 5 de abril de 1991.

Ese mismo día comenzó mi vía crucis, que duró exactamente 4 años, antes que lograra huir del gulag castrista, el 5 de abril de 1995 (no escogí la fecha de partida «definitiva»: fue un regalo de Dios).

Antes, di mi batalla. Leiseca me citó a su oficina y me propuso que pidiera la baja para evitar un escándalo mayor. Pero si yo cumplía su pedido no tendría derecho a reclamar en los tribunales laborales por la injusticia. No pedí mi baja, acepté la sanción y me busqué un abogado para el pleito entre Casa de las Américas y este, un editor «conflictivo», con «problemas ideológicos» y, ahora, «traidor» a la revolución. El proceso fue largo y angustioso y, como era de esperarse, la Seguridad del Estado se encargó de que perdiera todos los juicios. La sentencia definitiva tenía que recogerla en el Tribunal Supremo el 24 se septiembre de 1991, día de la Virgen de Las Mercedes, y a ella me encomendé. Le pedí ganar el pleito y recomenzar mi vida profesional en paz. Pero si perdía, sólo le pedí que me ayudara a salir de aquel infierno para siempre. Perdí. Fui directo del tribunal a la iglesia y recé como nunca. Tuve que esperar cuatro largos años, en los que viví como un extranjero condenado. En ese lapso, surgieron varias oportunidades de trabajo, ofrecidas por amistades, pero siempre me vetaron la posibilidad de renacer gracias a la mano macabra de Retamar y a los «informes» que daban sobre mí. Así, no pude entrar en el Centro de Estudios Martianos; ni a la revista *Cine Cubano* (Zoe

Valdés echó rodilla en tierra por mí, pero no pudo vencer); ni a la biblioteca del Ballet Nacional de Cuba; ni a otras instancias culturales. Era un apestado. La burócrata Mayda Bustamante, que creció a la sombra de Alicia Alonso, y que era por aquel entonces «rica y famosa» (antes de establecerse en España, la muy pícara y vil), me dijo en una entrevista de trabajo, con todo el cinismo del mundo: «Yo no puedo hacer nada por ti, si tienes a Retamar en contra. Sólo te queda el suicidio o irte del país». Y le respondí en voz muy alta: «Yo no me voy a suicidar». Años después me la encontré en Miami, paseando, le recordé el incidente (me había hecho esperar ocho horas a las puertas de su oficina, en El Vedado), y me dijo que no me recordaba ni recordaba semejante hecho. La desmemoria siempre es aliada de los viles.

La fuga del Infierno

Entonces comenzó el vía crucis de tratar de huir de la isla posesa. Que si Ecuador, gracias a mis amigos los escritores Chely Lima y Alberto Serret, que me consiguieron participar en un evento literario con una ponencia sobre textos para niños. Tuve todo: visa, hotel, pasaje pagado, pero el Ministerio de Cultura, con su viceministro Carlos Martí, y Fernando Rojas, oscuro y maléfico hermano de Rafael Rojas, el famoso ensayista, dieron su batalla y no dejaron que me dieran «el permiso de salida» que cada esclavo necesitaba para salir de la finca de los Castro. Que si República Dominicana, a través de un amigo. Que si México (fue la propia Hilda Guevara, hija del «Che», quien me llevó unos papeles que hacían falta para trámites; nos conocíamos de Casa de las Américas, pero no éramos amigos; sin embargo, luego de mi expulsión nunca me dejó de hablar y fue muy solidaria con «el gusano». Sentí mucho su prematura muerte). Que si Alemania… Hasta que mi gran amigo, mi hermano Jorge Orta, médico que había escapado de una misión en Belice y estaba ya en Estados Unidos, me envió una carta luminosa en la que me daba instrucciones para solicitar asilo político mediante la Oficina de Intereses de Estados Unidos, en La Habana. El proceso fue largo, pero fluido y exitoso. Fui citado, me sometí a entrevistas, presenté pruebas contundentes del acoso al que estaba sometido y califiqué en un acápite del programa de refugiados, reservado para profesionales expulsados de sus centros de trabajo por razones ideológicas y políticas.

Nunca llegué a estar preso o detenido; nunca milité en un grupo de la oposición a la dictadura, pero mi solitaria resistencia, nada pasiva, dio sus frutos. Y también gracias a la guerra despiadada que me hicieron Retamar, sus secuaces y las instituciones culturales obtuve mi carta de libertad y de salida al mundo real. Hubiera podido escapar antes, pero la crisis de los balseros, el Maleconazo de agosto de 1994, retrasó mi salida. Una vez más pude vivir, de primera mano, la esencia de un pueblo que no me quería entre sus ciudadanos, y al que despreciaba ya con todas las fuerzas de mi corazón, desde la barbarie de 1980, cuando el éxodo masivo del Mariel y sus actos de repudio, golpizas sangrientas y bajas pasiones desatadas. A esa nación sólo le interesaba huir, no luchar en su tierra para cambiar la realidad. Nadie quería poner el muerto que sirviera de chispa para una auténtica revuelta popular que pidiera y conquistara la libertad. No había ni hay hambre de libertad colectiva: sólo intereses individuales. No hay sentido de destino colectivo: sólo «el sálvese quien pueda». Nuestro individualismo es patológico y esquizofrénico, porque luego hay que aguantar, en las más disímiles latitudes, un orgullo de tribu que no se corresponde con nuestro suicidio colectivo y la destrucción total del alma de una nación. El estereotipo del cubano me resulta repugnante. Ese ser «alegre», dicharachero, con mentalidad de pícaro, sin modales ni educación formal, parejero, vulgar, pretencioso, arrogante, «acróbata sexual» y objeto de deseo de turistas de séptima, falso devoto que a fuerza de creer en todo no cree en nada, ese ser desapegado y desapasionado, en su estridente teatralidad, ese que engendró la dictadura y la ha amamantado a lo largo de los años fue el que me expulsó de ese archipiélago de calamidades, que es la Cuba de hoy. Y al que me insulte llamándome «apátrida» o «anticubano» o lo que sea, le digo: «Lo siento. Yo también soy Cuba y tengo derecho a juzgar, aunque sea doloroso».

La otra vida

De fortuna en fortuna, también tengo otra fecha de nacimiento, como ya he dicho: el día que salí de Cuba y nací a la condición de exiliado, aunque, tal vez, sólo de transterrado, porque de Cuba no «se sale» nunca: es un estado del alma, que te devora sólo para hacerte nacer en mil seres diferentes y mejores, en otras patrias inventadas. El 5 de abril de 1995 morí, nací y salí al mundo real, este que no tiene nada que ver con la irrealidad de aquella isla del Caribe, tan poco hospitalaria, tan antropófaga, tan suicida, tan detestable. Ese ha sido el día más doloroso de mi vida, por tener consciencia de la pérdida de un mundo y de mi familia y, a la vez, el día más prometedor, porque desperté a un universo de esperanzas y de ilusiones de libertad. Sólo quien ha pasado por una experiencia semejante puede entender a un cubano adulto, que se monta en un avión, pero que es un niño desvalido, que no sabe ni comprar una Coca-Cola en una máquina, ni mucho menos sabe lo que es un cheque o una tarjeta de crédito; que no conoce el sabor de las fresas naturales ni de las uvas sin semillas; que no distingue un kiwi de un brócoli ni ha paladeado nunca un salmón ahumado.

Como todo recién nacido, yo también disfruté de conquistar un mundo ajeno y ancho, tan cercano y tan lejos de la isla que me parió. Esta otra vida, que ya se extiende por veintidós años, en los que nunca más he vuelto a poner un pie en mi ex patria, con todas sus asperezas y desasosiegos, me ha hecho ser un hombre diferente y mejor, que se ha creado su propia patria de múltiples rostros. No sólo gracias a mi trabajo, en los más disímiles papeles —maestro de español, camarero, taquillero de un teatro, chofer, escudero de un viejo rico francés, locutor de radio, empleado de limpieza, estibador de almacén, editor de revistas de moda, traductor, productor de noticias en un canal de televisión–, he podido darme grandes y pequeños lujos, como pararme delante de un cuadro de Van Gogh o caminar por el Golden Gate cuajado de nubes, sino también he podido y puedo soñar con la libertad más absoluta, esa que nunca se termina de conquistar, pero que es como la relación con Dios: más que creer en ella, hay que sentirla visceralmente.

Este Espartaco espantado que soy tiene sus momentos en que se siente libre, aunque esté encadenado a un horario de trabajo infame; o aunque haga acrobacias financieras; o aunque sepa que le queda mucho menos tiempo de vida, porque ya está «de mamey maduro». Mi nueva y única patria por el momento es Miami –no Estados Unidos, otro reino muy distante–, que me ha mostrado todas las aristas de una vida real y todos los defectos y virtudes de la mancomunidad hispánica de naciones, esas tribus de la América Latina, que coexisten milagrosamente en un equilibrio precario, pero en balance, al fin y al cabo, sobre todo si hay que armonizar intereses para hacer negocios y plata. Me gusta el sabor cosmopolita de mi vanidosa Miami, urbe asentada en un pantano, que no deja de crecer abonada con las heces de todo un continente: eso somos y así vamos.

Habría que preguntarle también a Miami, «¿qué ángel llevas oculto en la mejilla?». ¿Serás tú mi destino final o también estoy de tránsito por ti? No sé. Uno nunca sabe nada y los demás no saben más. ¿Qué sabor tiene la libertad? La libertad tiene sabor a chocolate, a vino tinto, a camarones al ajillo, a todo lo que jamás pude tener en aquel accidente histórico llamado Cuba. Aquí estoy viviendo, que es decir que estoy aprendiendo a envejecer, lo que hay que asumir con una sonrisa quevediana. Me he creado mi cueva de animal felizmente herido y disfruto de mi soledad ontológica, acompañada por mis seres queridos, con Domingo Porto a la cabeza y en el corazón, por mis fieles libros, por mi música, por mis amagos de plumazos «para la posteridad» (de vez en cuando engendro un poema, avanzo en mi novela y, sobre todo, escribo como un demente para «informar al pueblo» desde mi trabajo como productor de noticias de un canal de televisión en español, es decir, soy un feliz cazador de desgracias…), por el amor de mi familia distante, pero no distanciada, y Dios, ante todo. Gozo de mi libertad de galeote emancipado, que nunca renuncia a su plenitud, pero, muchas veces, siento que lo único cierto es la incertidumbre.

Los versos de «Lo fatal», de Rubén Darío, retumban en mí como tambores de una guerra sin enemigos: «…pues no hay dolor más grande que el dolor de ser vivo, / ni mayor pesadumbre que la vida consciente. / Ser y no saber nada, y ser sin rumbo cierto, / y el temor de haber sido y un futuro terror… / Y el espanto seguro de estar mañana muerto…». Para concluir con esos versos lapidarios de «¡y no saber adónde vamos, / ni de dónde venimos!». ¿Qué se puede hacer? Bueno, algo tan inevitable como la muerte, que es vivir.

Sandra Ramos
(1969)

Sandra Ramos: Testamento del pez

Eugenio Valdés Figueroa

Para la joven artista cubana Sandra Ramos los temas del exilio, de la provocación, de la fatalidad, se entrecruzan en la búsqueda de un set de pertenencia. Sus trabajos más recientes tienen que ver con el destino, pero también con factores circunstanciales que rodean tanto el nacimiento como a la muerte; en su obra se pierden las fronteras entre ambos estados de la existencia. Nacimiento y muerte forman parte de una misma experiencia. Hay cierto morbo en la forma en que se aproxima al exilio; el regodeo en lo fatal y en la aceptación del destino arrastra consigo algo de masoquismo.

Muchas veces se ha asociado su trabajo con el drama migratorio en Cuba. Su obra desarrolla el tema del exilio, pero lo hace desde una perspectiva mucho más existencial. La maleta, por ejemplo, aparece en sus obras como *leitmotiv* desde hace algunos años. Una maleta porta su propia narrativa, es un contenedor de la memoria. Pero una maleta tiene que ver también con lo provisional, con el desplazamiento en el tiempo y en el espacio. Cuando coloca esas maletas en el fondo del mar la artista no está refiriéndose exclusivamente al naufragio o a la muerte, sino también a la frustración o al deseo. Inmovilizar una maleta implica subvertir la lógica de un objeto «ansioso», de un objeto que suele asociarse al tránsito, y que parece estar predestinado a evadirse a sí mismo.

Ramos también emplea peceras en sus instalaciones. Las peceras son continentes de vida y preludio de muerte y, por supuesto, límites impuestos a la existencia. Estar vivo –afirma la artista– implica estar «contenido». En este sentido, tanto sus maletas como sus peceras comparten un mismo propósito en el plano comunicativo y simbólico. Sin embargo, ambos objetos contraponen diferentes puntos de vista sobre la noción de movilidad; delimitan una espacio que contiene el movimiento –las peceras– o que define su funcionalidad en el movimiento –las maletas.

A Sandra Ramos le interesa discurrir sobre la imposibilidad. La contención, los cristalinos límites de la peceras, la inmovilidad de la maleta sumergida en los sedimentos de la memoria, o «un espejo de formas moribundas» (Gastón Baquero) constituyen en este proyecto la iconografía de una anulación del deseo.

El proyecto *Testamento del pez* se inspira en el poema homónimo del escritor cubano Gastón Baquero, fallecido recientemente luego de varias décadas de exilio. El poema, declamado por el propio autor, acompaña en off a la instalación de Sandra Ramos. La instalación consta de un espacio cerrado, con el piso cubierto de arena y el techo forrado con papel de espejo. Un grupo de fetos convertidos en caracol y flotando en su única y siguiente residencia se encuentran apresados en cinco peceras empotradas en los muros pintados de azul intenso. Desde otro ángulo se observa la silueta de Sandra Ramos «dibujada» con una manguera para peceras por la que circula oxígeno, la cual rodea su cuerpo desnudo convertido en espejo. Las imágenes fotográficas de la cabeza, las manos y los pies de Ramos completan su autorretrato en el interior de otras cinco peceras. Sandra Ramos es pez y es ciudad sumergida, accediendo a un espacio de silencio y muerte.

En otro muro se levanta una urbe de espejos recortados. El diálogo se convierte en soliloquio. Sólo en la muerte somos uno mismo, nos liberamos del límite y de la diferencia, nos introducimos en la enigmática sustancia de lo eterno. Desde la acrópolis diversa y múltiple nos desplazamos a la inevitable homogeneidad que nos viste de iglesia y de cementerio, diría Baquero.

Hay algo de dramatismo en la iluminación que nace de algunas peceras o se focaliza en otras enterradas en la arena. Sepultados en lo profundo tambien encontramos maletas junto a los fragmentos de cuerpos desmembrados: son miembros y torsos de muñecas con la apariencia de monstruosos fetos. En medio de oscuridad, los efectos de iluminación y la refracción de la luz que proviene de los espejos crean una atmósfera espectral, tortuosa, reforzada por el sonido del mar y la voz del poeta. El público toma conciencia de su acceso a una «zona de riesgo». Todo está previsto para provocar incertidumbre e inseguridad cuando se traspasa el umbral del *Testamento del pez*: la oscuridad, el recorrido inestable sobre la arena que cubre el piso, la imagen del espectador que se repite en los espejos fragmentados y dispuestos en paredes, techo y objetos.

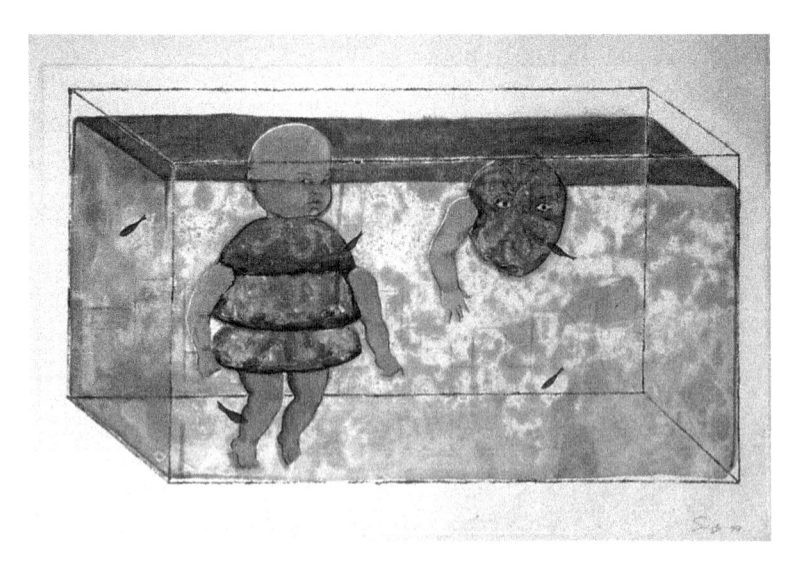

Serie Acuariums. *Acuarium I* (1997). Mixed media, 60x90 cm.

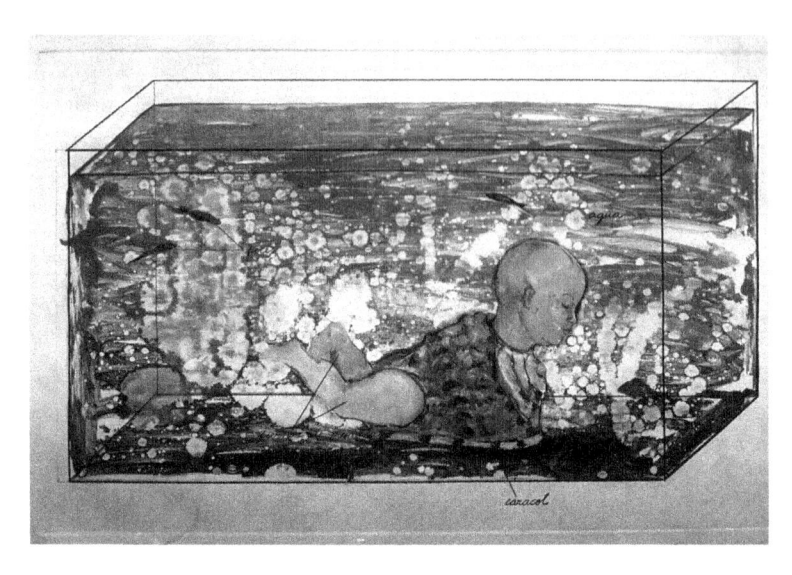

Serie Acuariums. *Acuarium II* (1997). Mixed media, 60x90 cm.

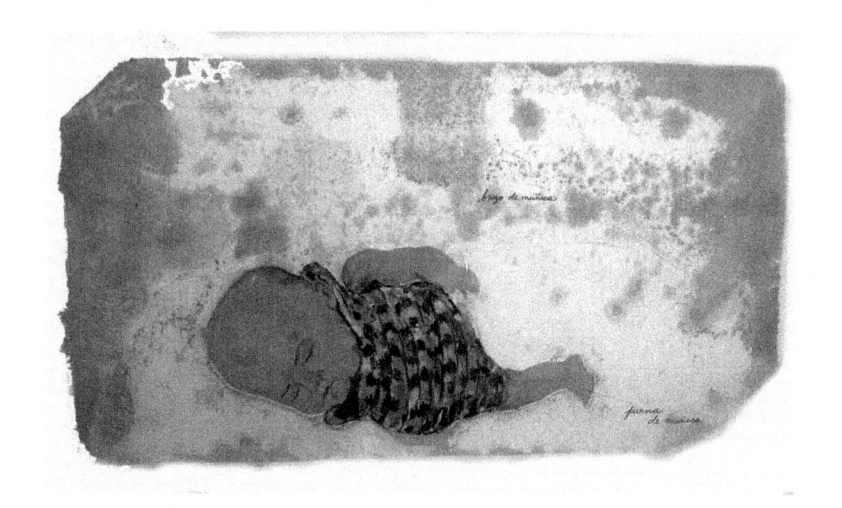

Serie Acuariums. *Acuarium III* (1997). Mixed media, 60x90 cm.

Serie Acuariums. *Acuarium IV* (1997). Mixed media, 60x90 cm.

Serie Acuariums. *Acuarium V* (1997). Mixed media, 60x90 cm.

El autorreconocimiento del pez (1997). Mixed media, 60x90 cm.

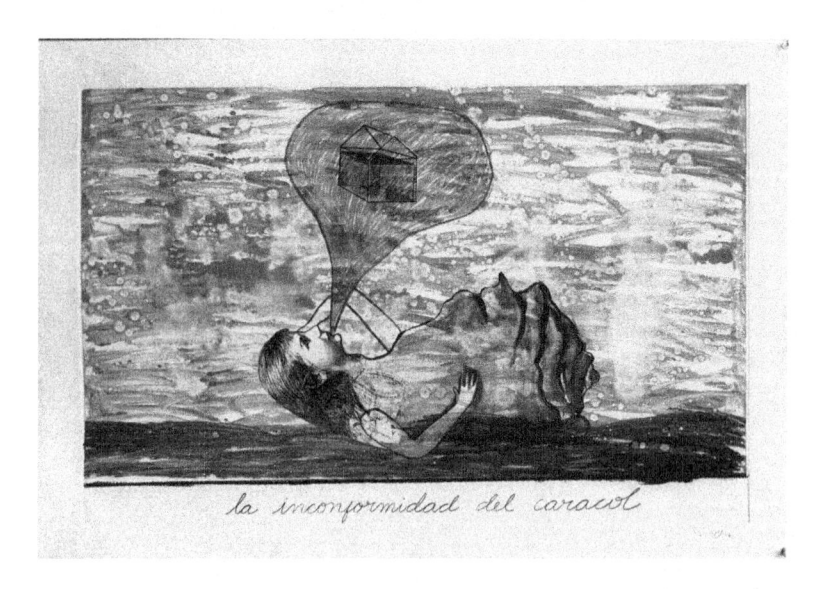

La inconformidad del caracol (1997). Mixed media, 60x90 cm.

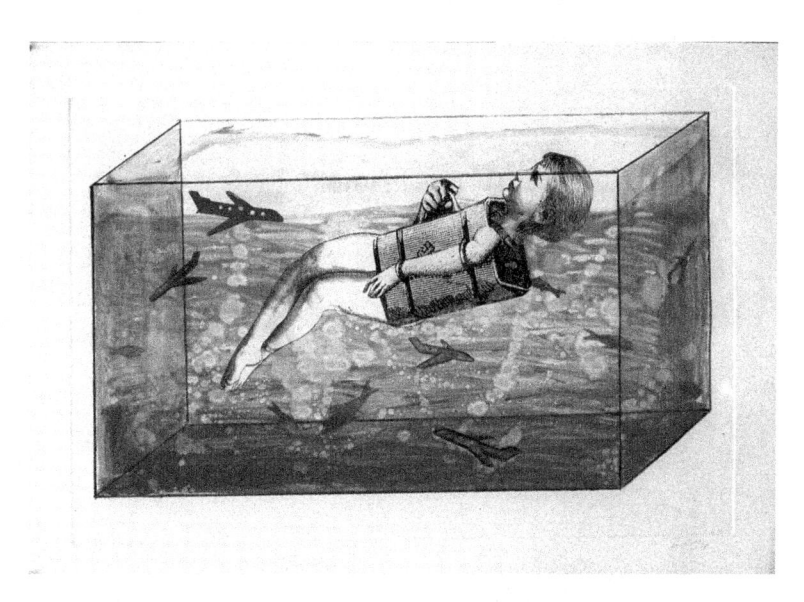

El lugar de todos los naufragios (1997). Mixed media, 60x90 cm.

Idalia Morejón Arnaiz
(1965)

Árbol que nace torcido

Sexo

1.

A los tres años, en blúmer, descalza, se esconde Poquita Cosa tras los arbustos, muy cerca del jardín donde Norka y Mimita conversan en secreto. Se tapan la boca con las manos, gesticulan en código, se ríen bajito. Poquita Cosa sabe que hablan de sexo y se lo está perdiendo. Tensa sus cuerdas vocales: Mimita puta, maricona, ojalá que te mueras, singáaaaa. Mimita y Norka ríen sobresaltadas, la toleran: precoz hasta en la locura. Y siguen en la risita, sin separar las manos de la boca. Maricona, ojalá que te mueras, puta, intenta repetir Poquita Cosa, pero se va desinflando.

2.

Todos los días a las cinco de la tarde Poquita Cosa se sienta en la poltrona de la sala de Mimita a ver los muñequitos de palo, el Gato Félix y la Betty Boop de los años treinta. Laureano el maestro de sexto grado, el esposo de Mimita, todos los días a las cinco de la tarde se afeita por segunda vez en el día y se da un baño, del que sale apenas con una toalla atada a la cintura. Poquita Cosa lo observa de reojo, él pasa veloz frente a la poltrona, la mira indolente, entra al cuarto matrimonial separando con los brazos las dos bandas de una cortina de algodón floreado que ondea con el vientecito de la tarde.

Poquita Cosa se permite contemplar la belleza de Laureano, que deja caer la toalla y se sacude el miembro, lo endurece con caricias, lo golpea suavemente contra la puerta entreabierta del escaparate.

3.

En Covadonga todos duermen la siesta, a menos que haya molienda. Entonces el albergue del central se llena de macheteros extraños que beben ron de alambique a la salida del comedor obrero, y las vías centrales se animan con los camioneros que tocan la bocina cuando pasan frente al portal de alguna guajirita toda hormonas.

Todos duermen la siesta menos Poquita Cosa, que prefiere disfrutar del silencio para explorar el patio enorme, el maíz crecido, las hortalizas, las arecas, la casita donde Norka guarda objetos destartalados, pone a madurar los racimos de plátano, esconde su altar a Eleguá.

Todos duermen la siesta menos Poquita Cosa y Nurys, dueña de un patio frondoso, de un valentierra, un caballo, varios patos, gallos y gallinas, conejos y puercos; ama y señora de Johnny, el enorme perro negro. Corren entre el valentierra y la casita de Eleguá pidiéndose poquitos de sal con sus muñecas en brazos, como madres ajetreadas. Johnny las persigue alborozado mientras corren hacia los hierbazales, más allá de los testigos.

Lesson number one

Uan-tu-tri-for-fai-sis-seben-ei-nai-ten: a cada número un nuevo latido, a cada latido mayor la dureza, mayor el volumen que se tensa entre las nalguitas de Poquita Cosa y la bragueta verde olivo del falso teniente Manuel, prófugo de la justicia revolucionaria, admirado en Covadonga por sus ojos verdes en perfecta combinación con el traje que no le pertenece.

5.

Uno-dos-tres-cuatro-cinco-seis-siete-ocho-nueve-diez-escalones: tun-tun, Lourdes está, pregunta Poquita Cosa desfallecida a las dos de la tarde. Atiende Miguelito el soldadito. (Doce contra veinte. Uno cincuenta contra uno ochenta. Ochenta contra ciento cincuenta). No ha llegado pero llegará… Ella se sienta, comportadita. Le acepta la limonada, se seca el sudor. De aquí para la escuela, dice, al Área Especial de Esgrima. Y la primera estocada no se hace esperar: por el trasero, porque no compromete ni merece moralidad. Él le tapa la boca. Ella quiere aullar. No demoro ni cinco minutos, insiste Miguelito el depravadito. Poquita Cosa no sabe cuánto tiempo es todo aquel tiempo.

Se acerca a la escuela pero no puede saltar, ni correr, ni hacer flexiones. Esgrimista sin florete. Regresa a casa. Hace los deberes. Se acuesta temprano creyendo que olvidará.

Lejos de los rubios

Poquita Cosa vaga por la avenida central de la vieja localidad. Está en sus mejores tiempos y se siente cómoda con la ropa que usa: una camiseta verde con la palabra SEXY expandida sobre el busto nada robusto. Vaga hasta toparse con uno de los rubios más codiciados por las mariposillas libertarias de su generación e intercambian una misma idea fija.

Se mueven rápido y a pie hasta el apartamento del rubio, donde el cuerpo a cuerpo transcurre a toda velocidad; conducta que, caracterizada en el rubio, habla de unos padres trabajadores a punto de regresar al apartamento.

El rubio le ofrece un vaso de agua helada, un paquete de caramelos. Poquita Cosa lo abre y escoge el único de café con leche, cuadrado, envuelto en papel plateado. Observa en el techo de su conciencia el anuncio lumínico del esto es lo que hay, y se despide.

Después de una enigmática charla sobre *Blade Runner* en la que Poquita Cosa participa como oyente, un rubio igual pero diferente en el análisis postmoderno lleva la voz cantante. Es verano y también Tarkovsky ha llegado a la vieja localidad para calentarla aún más. El cine de la avenida central se encuentra abarrotado, todos aprovechan la ocasión para escoger con quién fugarse en la desbandada. Poquita Cosa escoge al rubio y él a ella, que se impacienta con *Stalker* y la humedad.

Él lleva varios días sin bañarse, o se baña mal, porque las uñas a Poquita Cosa le salen negras de tabaquitos modelados por la fricción entre sus cuerpos. Preocupada por fingir seguridad se distrae de lo esencial, y así, naturalmente, se muestra indiferente. El rubio, en cambio, se interesa por los puntos quirúrgicos en el ombligo de Poquita Cosa y ella aprovecha para esbozar un enigma: «punto arroz». Sin embargo, pierde el control sobre los granos, se instala en la incertidumbre.

7.

Árbol Que Nace Torcido escandaliza heroicamente. No faltarán voluntarios para regar esa planta.

Salud

Poquita Cosa nunca se ha partido un hueso ni ha sido operada, aunque sí examinada con laparascopía: trompas enrojecidas, vascularizadas y tortuosas.

Riñones infectados, corazón de madera, pies de plomo, mente de papel:

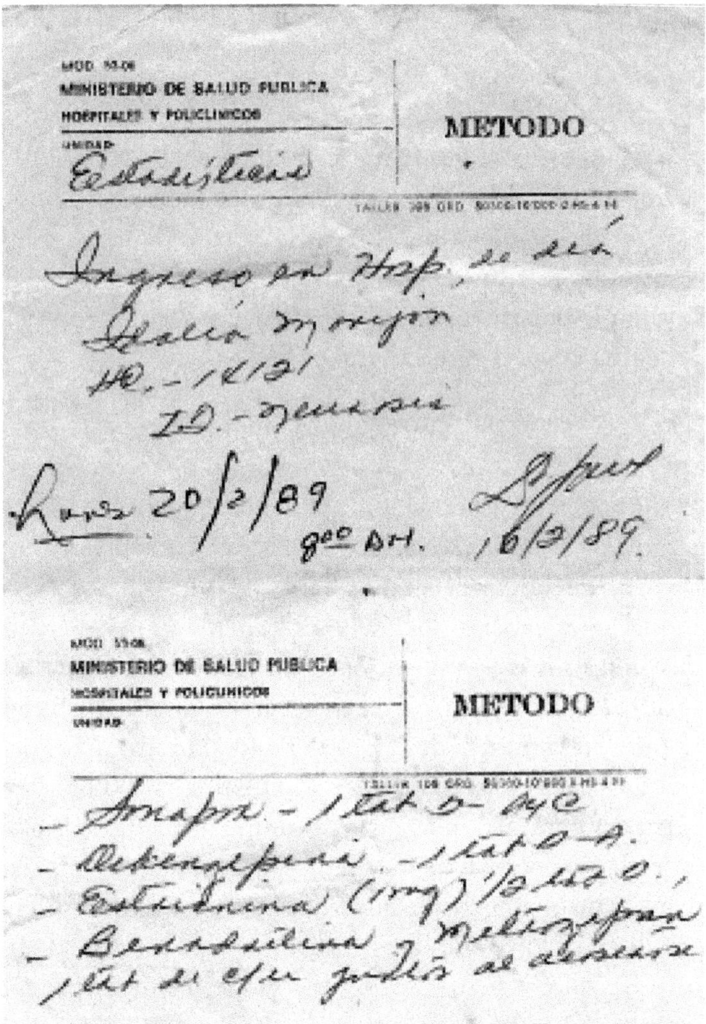

Educación

1.

La baja autoestima que la caracteriza ha privado a Poquita Cosa del grandísimo honor de recrear sus triunfos escolares. Considera que éste y otros eventos político-sociales son idénticos a los de todos los cubanos de su edad y origen social. Por eso prefiere transformar la banalidad de sus experiencias en momentos ejemplares de una corta biografía.

2.

¿Su fruta preferida? El melón. Pasa frente al puesto de la esquina y ve como descargan una carreta. Nano Montano la invita a entrar, le entrega un cuchillo y la enseña a extraerles una muestra, a modo de biopsia, para saber si los melones tienen calidad. Separa los mejores, con un par ya es suficiente porque son enormes.

El padre los lleva hasta la casa en la parrilla de su vieja bicicleta, los deposita en la meseta de cemento junto al motor del agua, los lava hasta dejarlos lustrosos. Enseguida llama a Poquita Cosa y a la hermana para merendar; va cortando las tajadas hasta dejar expuesto el rojo corazón de melón. Poquita Cosa salta impaciente de un lado a otro, no permite que la hermana se acerque, grita descontrolada cuando ve que el padre no le entrega la primera tajada.

Yo fui hasta el puesto. Yo los seleccioné. Primero me toca a mí –chilla La Apasionada.

¿De verdad quieres melón? –pregunta el padre mientras recupera la tajada de las manos de la hermana, para aplastar su pulpa sobre el rostro amargo de Poquita Cosa: pierde la visión, traga semillas, deja de hablar ahora y, ante el padre, calla para siempre.

3.

Nunca digas siempre. Nunca digas nunca. Camina derecho. Levanta la mano. Responde si te preguntan. A la escuela hay que llegar puntual.

4.

Cada día al despertar debe aprender a nadar: no le está permitido ahogarse.

Carlos A. Aguilera
(1970)

Apuntes sobre el movimiento de los trenes en A.

Alemania tenía para mí la forma de un tubo. Un tubo largo y oscuro por donde se movían los trenes. Esto, y algunos nombres de actores aprendidos en películas mudas de los años veinte, era cuanto sabía del «imperio» y sus diferentes provincias; también, algo de su literatura.

De hecho, esa imagen de Alemania como túnel donde cualquiera podía perderse la obtuve en un relato de Uwe Johnson que leí en mi adolescencia. Allí el personaje narra un viaje en tren entre las dos mitades, no recuerdo si separadas ya por el muro, y cómo la vida alrededor de esos vagones tenía cierta intensidad de fantasma, terrenito hueco.

Desde ese momento tuve deseos de conocer Berlín –para mí del mismo tamaño de toda Europa– y hacer un viaje parecido al de Johnson por cualquier lugar. Suponía que un escritor «duro» necesita ese tipo de experiencias para encontrarse consigo mismo.

Con los años mi visión ha cambiado. He dejado de creer en todo suceso que signifique *la* Verdad, entendiendo esto como razón definitiva, y he empezado más bien a fijarme en el movimiento inútil que todo esfuerzo posee, su lado idiota-ridículo, como le hubiera gustado escribir a Robert Walser.

Lo que más me preocupaba a mi llegada a Alemania eran los estereotipos.

No porque creyera demasiado en ellos: como todo «buen hijo de familia», sé que en un gran porciento dicen nada, son la repetición estéril de algún tipo de error. Pero esto dejaba afuera un porciento donde lo peor podía cumplirse. Y sobre los alemanes más allá de que fueran puntuales, fríos, filosóficos, siempre había escuchado lo peor; y lo peor es lo que escapa al control del animalito humano. Lo peor es lo peor, me había dicho en La Habana un amigo con tres lagrimitas en los ojos.

Para reforzar esa idea estaba aquel edificio de turcos ardiendo en Hoyerswerda, especie de gran cocina que de pronto había explotado, y las noticias siempre alarmantes de algún desfile nazi aquí o allá… *lo*Peor, no había duda, y yo debía junto a mi familia enfrentarme a ese destino de opereta.

Con todos estos temores bajamos en Düsseldorf.

Más allá de los letreros ininteligibles del mismo aeropuerto –en cualquier lugar del mundo las indicaciones están en varios idiomas, en Düsseldorf sólo en alemán–, nuestra noticia de Alemania es que era espacio perfecto: un lugar donde todo había sido calculado (digerido) y sin opciones para el fuera-de-ley. Mi miedo las primeras semanas incluso a tirar los cabos de cigarros en la calle respondía a esto. Pensaba que donde quiera había una especie de brazo mecánico que a la más mínima infracción me cogería por la espalda y levantaría, castigándome.

El acto una mañana de ver cómo una muchacha lanzaba su cigarro y después cruzaba la calle (sin esperar la verde) fue para mí liberador. A partir de aquel momento Alemania comenzó a convertirse en una maqueta habitable.

La culpa de esa lectura del «imperio» como maqueta la tenían los cubanos que habían viajado años antes a la RDA. Ellos siempre hablaban de la pulcritud alemana, y cómo era una sociedad donde todo había sido medido hasta el milímetro, sin posibilidad alguna para la sorpresa. Recuerdo aún la anécdota sobre una persona que había botado un pequeño papel en la calle y ocho o nueve cuadras después había sido detenido, multado y obligado a recogerlo.

A pesar que la persona que contó esto nunca mencionó tal locura, imaginé que el policía había hecho retroceder al cubano retorciéndole una oreja y arrodillándolo «para que aprendiera de una vez la diferencia alemana». En una sociedad de extremo orden, le explicaba después yo a mi mujer, cualquier violencia resultaba lícita.

Lo mismo con el clima...

Quien haya leído las obras de teatro de Virgilio Piñera, el dramaturgo cubano más escatológico del siglo XX, notará que más allá de la temperatura —que a decir verdad en Cuba es asfixiante— sus personajes siempre tienen calor, una especie de sofoco interno, menopausia, como si toda realidad para concretarse se moviera encima de una plancha caliente.

Alemania, según los cubanos de la RDA, con sus varias temporadas de invierno (el otoño y la primavera germana es también para los cubanos *el* invierno) y su arquitectura de colores pasteles era todo lo contrario, una suerte de paraíso de la carne, del consumo, pero invivible especialmente en meses de poca luz y bloques de nieve. Un lugar donde podía estar nevando años sin parar.

Lo primero que habría que decir es que por suerte en Bonn, la ciudad donde viví con pequeñas interrupciones doce meses, sólo nevó dos días y lo suficientemente alejados entre sí para que la experiencia no se volviera catastrófica; cosa que me corroboró un amigo de Berlín al exponerle mi miedo y empezar a reírse.

Además, los alemanes, más allá de cierta distancia que a primera vista hay en su trato, tampoco me parecieron tan cerrados. Algunos hablaban bastante, incluso más de lo que yo estaba dispuesto a escuchar, y reían sin estridencia, como si todos los traumas que mi miedo había depositado sobre ellos no los atosigaran.

Con esto no quiero decir que mi «vida alemana» fuera siempre amable. Había días que iba al supermercado y me parecía que todos tenían rostro-de-asesino. Estaba seguro me odiaban por el simple hecho de parecer turco pero no serlo, e intentaba desde la indiferencia mostrar mi «superioridad». Pero esto sólo fueron pequeños momentos, momentos de guerra por decirlo de alguna manera, y siempre era interesante ver cómo después de «bajar» varias cervezas algunos pasaban del recato a la torpeza sin hacer transiciones. Esa misma persona que te había pedido disculpas por un roce media hora antes, ahora eructaba en tu cara, cantaba en voz alta y empezaba a observarte de manera extraña. Era una lucha entre la caricatura y su contrario, o mejor, entre varios estereotipos.

En su *Eichmann en Jerusalén* Hannah Arendt muestra el modo en que precisamente los totalitarismos modernos han convertido al hombre en un gavetero de estereotipos. Un hueco-ley. Esta «verdad» aprendida en Cuba valía (vale) más para mí que cualquier cosa leída antes o escuchada después. Los estereotipos no sólo eran ésos que sin querer yo traía y colocaba ante el otro. Era también ese esfuerzo alemán por esconder cierta rudeza y la manera en que ésta se tornaba inefectiva. El momento en que el ser tropieza con su propia sombra.

Cosa evidente en nuestro primer viaje a Berlín.

Entre las muchas cosas que enfrentamos estaba una obra de Anselm Kiefer que aún me sigue pareciendo una de las reflexiones más poderosas sobre individuos, mentalidades e historia construida alguna vez.

En medio de una sala *medio*vacía que antes había sido terminal de trenes, el artista había desplegado un gran archivo de documentos hechos todos de plomo y acero con espejos disimulados. En la medida que recorríamos la escultura comprobábamos cómo nuestro rostro se desfiguraba ante estantes de files y libros corroídos, y cómo la pregunta por el destino alemán —la pregunta que de una forma u otra había trastornado a Europa durante años— había desembocado en un crimen doble, el de esos estantes achicharrados por la razón (quizá también por la de nuestros ojitos en los espejos) y el de esos estantes levantados en nombre de la razón misma. Movimiento binario que más que nada señala una cosa: la relación entre intolerancia y subterfugio es mucho más compleja de lo que suponemos; por fatalidad, siempre finaliza en estereotipos identitarios.

El mismo amigo de Berlín que un tiempo antes se riera de mis comparaciones entre frío alemán-frío cubano y de lo que llamara «mis sutilezas étnicas sobre la temperatura» me contó, después de haber tomado café en su casa y compartir un *schokoladentorte*, sobre la antigua propietaria de la clínica en los bajos de su edificio. Ésta había sido descubierta por el calvito del apartamento de enfrente, o su hijo, y había sido procesada con gran expectativa en todo el país. Durante años había descuartizado a varios niños de la Prenzlauer Berg y hecho, incluso, injertos entre animales de diferentes tamaños. Cuando fue atrapada aún tenía dos raticas medianas en una nevera grande donde también almacenaba otras cosas.

Lo tremendo, según D., es que esta mujer era muy querida en la zona y vivía en Chodowieckistraße desde mucho antes de la caída del muro, cuando aún las alemanias estaban divididas. Su trato era siempre el de una mujer amable, cosa que la hacía sobresalir entre las demás.

Hablo de este hecho porque bien podría ser un capítulo en ese libro aún no escrito sobre «enfermedades» (algo así como el libro que siempre estará por escribirse), y cómo precisamente todos vivimos entre la imagen que deseamos proyectar y la imagen que intentamos esconder: galería de espejos que se repiten al infinito.

Incluso, este amigo de Berlín era en sí mismo un tipo raro. Pasaba de la locuacidad al mutismo sin detenerse demasiado, y tenía una fascinación con las arañas que me hizo no dormir en los cinco días que nos alojamos en su casa. Las tenía amontonadas en una sucesión de jaulas de cristal contra la pared y su principal entretenimiento era dejarles caer un polvillo blanco en el lomo para ver cómo se fajaban. Para él este juego sintetizaba la humanidad, la lucha de poder entre diferentes especies.

Estos enfrentamientos provocados por su filosofía a mí me parecieron igual de espantosos a las operaciones que la mujer de la clínica hacía con niños pequeños, y me hicieron después de abandonar Berlín evitar toda comunicación con él. Incluso borrarlo de mi lista de amigos. Una sola cosa, tengo un asco terrible a las arañas.

Aún tengo presente cómo en el cine Ideal, a un pie del arco de Belén en el barrio judío de La Habana, tuve que salir a mitad de una película de Fritz Lang por ser precisamente las arañas y los tejemanejes de la mafia china con los arácnidos su tema. Las imágenes mudas de estos bichos subiendo y bajando en *close up* por la pantalla y de los chinos aplastando moscas para tirárselas entre las patas rebasaron mi límite. En ese momento, estuve otros cinco días sin dormir.

De regreso a Bonn, intenté olvidar la nota desagradable y concentrarme en lo que había observado. Para alguien proveniente como yo de un país con un alto potencial de kitsch ideológico, todas las postalitas que se venden en Unter den Linden resultan más que interesantes. Allí está la famosa reproducción en la que Brezhniev se besa con Honecker y suscitó interpretaciones y burlas en muchos sitios, las que muestran pedazos del muro y vistas del Checkpoint Charlie, la de la pancarta del Fórum de Leipzig... Incluso, los sellitos para engancharse en la ropa me llamaron la atención. Estoy seguro que todos esos colgantes servirían –más que otros– para hacer una lectura a destajo de la estética bajo el socialismo.

Investigación que si se hace tendría que asumir también los murales políticos que se han pintado durante más de cuarenta años de Revolución en Cuba, y las diferentes maneras que tienen de mostrar el «triunfo del estereotipo», la mala épica.

Especialmente delirante era uno que se encontraba al costado de un Banco en la Habana Vieja. Representaba al Che Guevara deformado, casi sólo reconocible por su atuendo, la estrella en la boina, y tenía entre el cuello y su rostro algo muy difícil de explicar, como si varias enfermedades lo hubieran convertido en otra persona: una caricatura entre Kim Il Tsung y el fantasma de la ópera. Cada vez que veía este mural comprendía por qué el gobierno cubano tiene una y otra vez que reprimir. Un estado que ridiculiza de esa manera a sus propios héroes es un estado que vive fuera de toda realidad, un estado que necesita convertirse a sí mismo en monstruo para perpetuarse.

Conversión que conocían ya «en carne propia» algunos alemanes, sobre todo los *ossis*, y nos hacía por ejemplo en los trenes hablar sobre todo el absurdo que giraba alrededor de ese sistema (el socialista) y su organización despótica. Sin dudas, nuestras vidas estaban atrapadas en lo mismo: habíamos visto hasta idénticos programas de televisión, y por mucho que contáramos resultaba asombrosa la manera en que el horror ideológico nos había cruzado a miles de kilómetros con miedos diferentes pero exactos, una suerte de idiotez sólo disimulable con una torpe parrafada sobre las nubes o una risita larga, histérica.

Los nacidos en el oeste, por haber crecido frente a otro muro, me parecían no entender bien de qué se trataba –aunque intentaban– y muchas veces los escuché discutir sobre la incapacidad que tenían, según ellos, las personas que habían pasado su vida bajo la ortopedia estalinista: ¡esa parálisis! Yo escuchaba y miraba al cielo. Es muy difícil hacerle entender a alguien, incluso cuando lo ha vivido, cómo una ideología puede acabar con cualquier ilusión, hacerte mover las paticas igual que una cucaracha.

En Bonn, después de tomar varios cursos de idioma e intentar descubrir las diferencias entre los tipos de cervezas que existen, me concentré nuevamente en mi no-novela y pude terminarla. En ella construía una ficción sobre el totalitarismo pero desde el «hueco» de diferentes personas, y la hacía crecer no precisamente en Cuba sino en una especie de China virtual, territorio caricaturesco donde los personajes más que identidad fueran sacos vacíos, aire.

Para esto había visto antes la foto de un francotirador chino que me había impresionado. A lo largo de un campo se apilaban varias montañitas de gorriones muertos y en uno de sus extremos un hombre apuntaba hacia arriba, en posición de alerta. Esta foto provocó en mí una reacción tan extraña que inmediatamente escribí un poema sobre la relación poder-gorrionesmuertos-gorrionesvivos, y cómo detrás de cualquier idea de estado está siempre el crimen, campos enteros sembrados de francotiradores simbólicos.

Kertész, que como él mismo ha escrito sobrevive a varios horrores: Auschwitz, la invasión a Hungría de 1956, el capitalismo… elabora en su discurso de Premio Nobel una pregunta de las más exactas que pueda hacerse un escritor en cualquier momento. Dice: «¿Qué escritor no es hoy escritor del Holocausto?». Esto, que más que pregunta es afirmación, merece un comentario aparte.

El día que volaba junto a mi familia hacia Alemania todas mis maletas fueron registradas en el aeropuerto de La Habana y algunos de mis libros decomisados. Entre éstos estaba el libro de fotos que Leni Riefenstahl hizo a los Nuba. Un libro con fotos aparentemente inocentes, que muestra cuerpos o escenas cotidianas de mujeres y hombres, rituales.

Durante unos meses me estuve preguntando por qué precisamente un libro así, donde nada atenta contra lo legal. Podía aceptar (no entender) que retuvieran libros de escritores prohibidos en Cuba o títulos sospechosos, como ese de Hannah Arendt *Sobre la Revolución*. Pero el de la cineasta alemana en Sudán se situaba un poco más allá de mi lógica. ¿Qué intuyeron los policías de Aduana en ese mamotreto? ¿Qué vieron?

Sin dudas, fascismo. Pedazos de una estética donde el holocausto está contenido. Fetiches. Después de leer a Victor Klemperer, un judío-alemán que ha hecho una de las mejores reflexiones sobre el uso de la lengua en el III Reich, comprendí cómo precisamente los estados totalitarios están entrenados en detectar miradas; y aquellas tres personas lo que vieron fue el espanto de su propia mirada en el ojo de Riefenstahl, el instante donde horror y sublimación devienen único concepto.

Aquellas cabezas con ceniza blanca, aquellas imágenes de hombres decorándose el cuerpo, aquella de Riefenstahl bajando una montaña mientras un Nuba encuero le extiende la mano tienen que haber sido suficientes para que la paranoia de los enanos de aduana se disparase, amenazaran con retenerme el pasaporte y localizaran a su jefe. No habían comprendido –comprender es a veces un acto muy difícil–, pero habían *visto*. Y aquellos rostros tiznados de blanco con una pátina de fango encima podían ser lo suficientemente patológicos para indicar que estas fotos eran la continuación de la romantiquería fascista bajo otro escenario, ese «limpio-manchado» que tanto amaba Goebbels.

Y como escribe Kertész en su discurso, el holocausto es un más allá de la historia entre alemanes y judíos, una fractura irreducible a contextos. El poder de no decisión, el miedo a las interrogantes del otro, el ser despojado de lo más mínimo sin tener derecho siquiera a réplica convierten a ese «conjunto de problemas» en ruleta continua; y un escritor es precisamente el que capta esa fractura e intenta algo con ella, el que ríe... Aunque sólo sea con una risita larga e histérica, tal y como hacían los *ossis*, cada vez que alguien en los trenes preguntaba sobre la grandeza del socialismo.

Post Scriptum. A pesar de que he salido y entrado muchas veces de Alemania, la idea de pertenencia a ningún lugar se ha hecho con los años mayor. De ahí que cuando otros me hablan del orgullo de ser francés, nigeriano o vietnamita me cuesta trabajo entender qué están elaborando con exactitud. Vivir treinta y un años en La Habana, más que fiesta fue tortura, algo que yo y otros vivimos como parte de una desgracia, duelo. Y este duelo, que en parte era ideológico pero sobre todo era vivencial, se ha ido incrementando allí donde quiera me quede algún tiempo. Al final parece que tenía razón Thoreau, el hombre debe regresar a los bosques porque en él hay una parte animal que sólo allí encuentra verdadero hábitat. Y eso es lo que hago cada vez que me muevo hacia un lugar u otro, buscar el bosque donde mi lado animal pueda a la vez que salir, burlarse de sí mismo, interactuar. Y de esa risita, a su vez que sórdida, trágica, intenta hablar este texto. Lo demás querido lector, ya se sabe, hay que seguir en movimiento, aunque un día ya no existan los trenes para reírnos lentamente dentro y fuera de ellos.

Rolando Sánchez Mejías
(1959)

Umbral

La mesa: sucia de té y azúcar.

Las moscas no molestaban tanto como la música: una confusión espantosa de Radio Enciclopedia con las noticias de otro programa.

Puse sobre una silla el paquete de la librería de viejo.

Abrí la libreta de notas y revisé los apuntes que había logrado garabatear mientras me movía en la silla de ruedas por las calles del Vedado.

Una revista me había encargado un artículo acerca de las relaciones de Sade, la Historia y la muerte

Sí, Sade se había puesto de moda.

Otra vez.

También Nietzsche.

El eterno retorno es al fin y al cabo una idea bastante hermosa.

Incluso en Cuba podía ser una idea bastante hermosa.

Tal vez por eso el estilo de ir tomando notas espasmódicas por las calles del Vedado mientras el-viento-de-los-bosques-te-azota-en-la-cara.

Pero el problema de la muerte se había esfumado.

Al menos por el momento.

Debió de haberse esfumado cuando Sartre vino a ver todo esto y ya de vuelta nos prodigó un fraternal y amplio movimiento de la mano a todos los allí congregados para su despedida (Simone a su lado sonriendo con un pañuelo blanco en la cabeza).

En ese mismo instante se esfumó el problema de la muerte.

Traté de descifrar mis garabatos:

cada maudit va al encuentro de su lazo de cuerda o de su Bastilla para escribir (ver «Cuerpos rotos», relato de R; mi alumno predilecto) ahondar el fundamentalismo que hay escondido en Sade es decir

… el cuerpo como Origen: Tablas-Rotas-de la-ley: destártalo original.

¡La Historia como Máquina Sádica!

Posible perfil de Sade en la oscuridad de su celda.

Imaginar a Sade en su celda: gordo, garabateando obscenos grafitis, ya sin rostro en la noche profunda de la Bastilla.

Mi apoplejía derivada de una existencia disipada: orgías, borracheras, caídas estruendosas por las escaleras.

relaciones ocultas entre Eros y Absoluto

(Mi vecino quema con cigarros a su mujer y oigo a través de la pared los griticos de placer pero al final algo falla entre ellos (¿es que los cubanos estamos condenados a la falta de Absoluto?) Ver estudios de Fernando Ortiz sobre el cubano.)

La silla de enfrente rodó.
Un muchacho flaco y de ojeras negras.
Se había repelado a la moda.
Contempló mi libreta y yo el sello prendido en su camisa: algo así como el rostro de un San Sebastián agónico o de un gurú un poco despiadado (colores fuertes e imprecisos).

Adivinó mis pensamientos:

–No. *Él* no es un santo. Todo el mundo piensa que es un santo. Es mi padrastro.

Puse cara de no entender.

Me explicó que él (su padrastro) estaba loco.

(Aquí mismo, hacía sólo dos o tres días, me había topado con una estudiante de la universidad que aseguraba estar escribiendo el testimonio de su locura. Enseguida pude comprender que no estaba loca y que su poesía era bastante mala, una suerte de diario coloquialista entreverado con exabruptos líricos.)

Siguió explicando:

–*Él* es el guardián de la Isla.

–Ah (Sí, de nuevo el viejo asunto: la Isla, siempre la Isla.)

Traté de adivinar la burla en sus ojos de estanque sucio. (Ojillos de nueva generación: ingenuos, perversos, nulos).

Dijo:

–Mañana *él* cumple un año de ingreso. Quiero comprarle una panetela de chocolate para la visita.

Achiqué los ojos en busca de esa perspicacia proverbial en los escritores maduros.

Le pregunté:

–¿Y por qué *él* es el guardián de la Isla?» (Remedé su manera de subrayar las palabras).

–Eso tendría que preguntárselo usted. Por lo menos a mí no me lo ha dicho (se acercó a mí, olía a cebolla). Debe ser un secreto (jadeó, tenía el pecho abultado de los asmáticos). Además, no creo que sea tan importante saberlo, al menos de *este* lado.

Terminé el cigarro.

En estos tiempos a cualquier cosa se le podía sacar partido, daba igual si era una conversación intrascendente, así que seguí con las preguntas:

–¿Es joven tu padre?

–Sí, aunque ya no tanto.
–¿Pero no dices que es el del dibujo?
–Una cosa es el dibujo y otra la realidad. ¿No ha estudiado a Kant?
–¿Quién hizo el dibujo?
–Yo.
–¿Pintas?
–Más o menos.

Anduvo en la mochila y sacó unos papeles, me los puso sobre la libreta: eran bocetos a lápiz de la cara del padrastro que se iban quebrando en líneas discontinuas hasta disolverse en trazos dolorosos.

–Son buenos. Milagro que no has estudiado pintura.
–Para dibujarlo a él no hace falta ir a una escuela de pintura. Hay que verlo y ya.
–Ah.

Pedí dos tés. Se habían acabado los dulces. Trajeron el té.

Él dijo que no le gustaba tan caliente y empezó a soplar su taza con obsesión.

–Háblame de tu padrastro.

Me observó con picardía.

–Usted tiene cara de escritor. No se me despintan.

Seguro que pertenece a la Unión de Escritores.

Me preguntó por las notas de la libreta.

Le expliqué mi proyecto.

Parecía mostrar cierto interés y movía la cabeza asintiendo de vez en cuando. Tenía cara de conejo y las orejas se movían al compás de los movimientos.

Le conté mi encuentro con Sartre hacía unos treinta años en mi cuarto de la Habana Vieja, donde de algún modo había surgido la idea del proyecto:

Un cuartucho atestado de libros húmedos y malolientes.

Sartre y Simone se habían escapado de una recepción oficial.
Les pregunté si no los habían seguido hasta allí.
Sartre me dijo burlándose:
«Estás paranoico. Es muy temprano históricamente para estar paranoico».
Simone se veía hermosa: las mejillas rojizas por el vino o el colorete.
Sartre no. No se veía nada bien. La corbata hecha un lío. El pelo embrollado.
Fue directo al librero, a la sección de filosofía. Dijo:
«¿Qué pretenden los escritores desde aquí? ¿Esquizofrenizar la cultura? Libros y más libros. ¡Incluso los míos! Deberías dedicarte a observar la realidad. Ustedes…»
Lo interrumpí:
«Para».
(Simone se hacía la desentendida mirando los cuadros. De vez en cuando refería algún detalle del paisaje. Dijo que en general le gustaba el paisaje cubano. Sobre todo la clara verticalidad de las palmas).
Sartre no paró. No. Él no paraba. Como en su prosa. Dijo levantando la mandíbula:
«Están viviendo un momento *único*. Es como habitar en el mismo corazón de la Historia. En esos casos sobran la mayoría de los libros».
Le dije en tono de burla:
«¿Vienes de hablar con el Gran Jefe?»
Simone dejó de hojear un libro y dijo:
«Paul discutió hoy con *él*. No se pusieron de acuerdo en un aspecto de las cosas. Pero sólo en un aspecto. En general estuvieron de acuerdo. Muchos piensan que todo nos es muy fácil».
Les pregunté si querían café.

Contra la piel de Simone daba la luz de la luna y parecía un actor kabuki. Sartre se veía extenuado pero cierta energía estrábica lo mantenía en pie. Dijo:

«¿Han estudiado a fondo los problemas del oro?».

Contesté:

«¿A la manera de Pound?» (me reí bajito).

Continuó:

«No. Por lo general la poesía no cala hondo. La lírica es hermosa pero no profunda. Lo sublime reconforta pero distrae. Distrae el espíritu. Nos deja sin moral. Y sin duda Pound se confundió notablemente. Por poco lo ahorcan».

Le dije:

«Sí, sé que prefieres la prosa, el orden».

El perfil kabuki de Simone se desvaneció y dio paso a un rostro de campesina:

«Desde aquí se tergiversan las cosas muy fácilmente. Eso es horrible».

Sartre siguió con su idea:

«El oro. Esta isla sigue girando alrededor del oro. En el círculo vicioso de la ontología deparada por el oro. Y lo peor: la ontología que centellea desde el fantasma del oro. Lo peor es que son pobres. Un país pobre. Condenados».

Puse a hacer el café.

Oí la voz de Simone:

«En la recepción el Comandante nos habló de los planes económicos. ¡Son gigantescos! Quizá la Utopía sea eso: lo que no puede ser visto de golpe, ¿verdad Paul?».

Simone siguió hablando:

«A Paul no le gustó tu última carta. Como si no hubieras comprendido bien el problema de los campos de trabajo».

«Ah (me dije). Los campos de trabajo».

La cafetera hervía El olor se expandía agradablemente.

Sartre:

«Si esto es lo que te preocupa, ustedes no tendrán campos de trabajo».

Contesté:

«¿Te lo dijo el Jefe?».

Les serví el café.

Simone derramó unas gotas sobre su falda blanca. Se alarmó.

Mojé un pañito con agua y froté con fuerza la mancha.

Mientras frotaba le dije a Sartre:

«¿Crees que la única forma de violencia son los campos?».

Dijo para sí:

«La violencia, la violencia…»

La mancha no desapareció completamente. No obstante, Simone dijo alegre:

«No importa. Será un buen recuerdo allá en París».

Sartre:

«¿Saben ustedes que Sade dirigió la Sección de Lanzas en la Revolución? ¿No lo saben? Hay aspectos muy complejos de las cosas que si se miran bien de cerca…»

Lo interrumpí:

«Pueden ser aclarados definitivamente por la dialéctica».

No me hizo caso:

«… Su fallo fue en la comunicación. La comunicación por la violencia. La violencia que se ejerce sobre y a través de los cuerpos».

Ahora Simone atisbaba en mis papeles: tanto en las pequeñas y casi ilegibles notas que yo solía colgar con alfileres en las paredes así como en las escrituras de las hojas revueltas sobre la mesita. Me dije: Saca, saca tus manos de mis papeles.

Sartre dijo:

«¿Han pensado ustedes cómo se van a enfrentar a la maquinaria del Estado?»

Le contesté riendo:

«Nada, vamos a crear una Sección de Lanzas».

Sartre:

«Me refiero a una praxis. O al final van a joderse» (esta última palabra la dijo en perfecto español).

Luego habló muy bajito, como si pensara en voz alta:

«Sí, al final van a joderse».

Cobró energías de nuevo:

«Voy a contarte una historia. Una historia personal. Una noche me paseaba por la orilla del Sena. En esos días ocupaba todo el espacio de mi cerebro un problema: el problema del Mal. Es decir, para ser más preciso: la existencia como condición del Mal. Si yo lograba resolver ese problema… Conoces lo que significa para un filósofo ubicar una pieza que no anda bien en su sistema. Una pieza dislocada que trata de subvertir a toda costa su sistema… Pues bien: inmerso en mis pensamientos, surgió aquella figura, tal vez desde uno de esos callejones que desembocan, inexorables y a la vez sorpresivos, en el Sena. Él estaba allí, a sólo un par de metros de mí: un poco doblado, las manos serenas en el enorme abrigo de cuero negro… Mi primer gesto fue sacar las manos de los bolsillos. Ya estaba en guardia, como un boxeador joven y bien entrenado. La meditación se había replegado a no sé qué agujero negro de mi conciencia Ya no existían los grandes problemas… El extraño proseguía allí parado, observándome, las manos tranquilas en los bolsillos. Así transcurrió un tiempo casi infinito. Hasta que dijo sin perder la serenidad: «Ostraka», y se lanzó al agua y se hundió en la definitiva negrura del Sena… Si yo hubiera sido consecuente con mi moral de aquellos días tenía que haberme lanzado al agua en su busca. Pero algo me detuvo. Algo se interpuso entre él y yo. ¿Sabes qué? Sencillo: el Mal. ¿Qué es el Mal? ¡Sencillo: la dubitación, la duda, el pensar mismo! Bueno, para no cansarte: estuve un rato mirando el agua, desde donde esperaba verlo surgir. Pero nada, sólo cajas de cigarros, basuras, hasta un perro muerto… No avisé a nadie. Regresé y busqué el significado de la palabra Ostraka. ¿Sabes que son los ostraka? Pedazos de cerámicas utilizados como material de escritura en la antigüedad… Ostraka… Ostraka… La palabra resuena de una manera peculiar en mi cerebro. En medio de mil relaciones metafísicas que urde mi cabeza asoma inevitable esa palabra, unas veces intempestiva, otras veces suave y lasciva como la silueta de una mujer desnuda. Una palabra solitaria que intenta quebrar todas las posibilidades, que corroe como una rata hambrienta todos los sentidos… Tal vez si me hubiera dejado arrastrar por él hacia el fondo del Sena me hubiera burbujeado como un pez su secreto. Pero a fin de cuentas, yo preferí rumiar a la luz del día, donde el secreto definitivamente pierde su gravedad esencial… Y tampoco es que me guste ser arrastrado por un poeta al fondo oscuro de sus propias elucubraciones. ¿Tienes más café? ¡Demasiados daiquirís en estos días!».

Sartre se dejó caer en el sillón.

Se quedó en una posición pensativa. O como si simulara que pensaba.

Simone empezó a reír.

Tenía en sus manos una de mis notas. (Saca, saca tus manos de mis notas, arpía).

Dijo:

«Al fin y al cabo ustedes también son hijos de la abstracción. Definitivamente occidentales».

Riposté para desviar el tema:

«Por aquí se rumoró que ustedes habían intentado un suicidio mutuo» (era un invento mío).

Simone contestó:

«Sí. Todo iba bien. Ambos apretábamos las cuerdas pero casi al final Paul me explicó la necedad de tal acto (¿te acuerdas Paul?). Lo explicó con un hilito de voz, como si quisiera comunicar algo importante… Lo curioso fue que todo ocurrió ante la misma puerta de la muerte (siguió riendo entusiasmada por otra de mis notas clavada como una mariposa en la puerta del escaparate). Sí, eso: *Porta itineri longissima*».

Sartre ahora roncaba.

Sus espejuelos habían rodado hasta media nariz.

Se había quitado los zapatos.

Había dejado una mano sosteniendo el mentón como si en sueños prosiguiera sus meditaciones.

Ahora Simone trataba de abrir la desvencijada puerta del escaparate. Quise hacer un gesto de advertencia con las manos.

Logró abrir la puerta.

Empezaron a caer los títeres, los pedazos de *papier maché*, recortes de tela, carreteles de cordel, muñecos de barro que se fragmentaban contra el suelo…

Me dijo estupefacta con todo aquel reguero ante sus pies:

«Ya me habían puesto al tanto de tus ideas un poco absurdas acerca del teatro y la realidad. Pero de verdad no creí que te dedicaras a eso».

«¿A qué?» (la roña se reflejaba inevitablemente en mi voz).

«Bueno… A las relaciones de Dios con las cosas. Supongo».

Le dije sin que me oyera:

«Vete al carajo».

El muchacho sonrió con la historia que le había contado. Saqué algunas fotos y se las mostré:

Sartre fumándose un cigarro delante de unos bueyes. Sus ojos extraviados en algún infinito de la tierra.	Sartre perseguido por las moscas mientras observa a través de una ventanilla los procesos de transformación de la caña de azúcar.

> El Ché Guevara encendiéndole un tabaco a Sartre en una oficina enorme y aséptica. Sartre y Simone despidiéndose de nosotros. Sartre levanta una mano y dice adiós. El gesto de despedida de Simone es casi imperceptible.

> El cuerpo de Sartre en el fondo oscuro del espacio vacío de un cañaveral: borroso como un signo mal dibujado.

Me devolvió las fotos. Movía la cabeza como un pájaro soñoliento.
Dijo:
—Ay, la literatura, la literatura.
Siguió:
—Ustedes siempre hablan de saltar al *otro lado* pero nada.
Sacó un inhalador y se lo llevó a la boca. Aspiró dos veces.
Le pregunté:
—¿Y qué es el *otro lado*, si se puede saber?
Lo llamaron de la mesa del fondo.
Era un peludo con una flauta. A su lado una cuarentona con cara de esquimal que leía algo de Neruda.
El peludo le prestó la flauta y él la probó.
La mujer se rió un poco.
Los tres se rieron.
Él volvió satisfecho y me dijo:
—Como ve, todo en la vida es un problema de comunicación.
Le dije:
—Me parece que del otro lado tampoco debe de haber nada interesante.

Me contestó que yo era un escéptico y un descreído como todo el mundo. Que con gente como yo no había nada que hacer. Y que así este país nunca iba a llegar a nada.

Añadió:

–*Él* sí saltó, mi padre. Y yo algún día podré hacerlo. Hay muchos caminos para conseguirlo. El problema es cómo no extraviarse en los caminos de la muerte, como decían los griegos.

Al rato dijo:

–Lo invito a la visita de mañana, así va a ver lo bien que uno se siente en el umbral.

La palabra *umbral* brilló en el aire.

También brillaron las cicatrices de sus muñecas. Ambas visiones se desvanecieron en el acto.

Le dije que no y le agradecí la invitación.

Hizo un gesto de renuncia con las manos:

–¿Ve? Qué miseria. Por eso las cosas están como están.

Tomó su té muy despacio haciendo ruiditos al sorberlo. Luego se entretuvo con una mosca.

Cogió un fósforo y removió un charquito de té desplazándolo hacia la mosca, que se había quedado embelesada.

Me explicó que las moscas eran animales retorcidos físicamente pero que al contrario de los hombres tenían una finalidad muy concreta en sus fugaces existencias.

Añadió:

–Como *él*. Dice que uno tiene que estar listo. Que si das un paso en falso te vas al otro lado y no te enteras de nada.

Terminó el té.

Se puso de pie.

Descargó un pie sobre la silla y se arregló un cordón.

Comentó que vivía en Alamar y que el transporte estaba imposible.

Se refirió a mi silla de ruedas explicando que a pesar del infortunio que entrañaba eso me facilitaba moverme libremente por una ciudad donde escaseaba el transporte.
Le dije:
«¿Tienes dinero para la panetela?» (puse cara de gracioso).
«Cualquiera tiene diez pesos, ¿no?» (me devolvió la risa, alto y maltrecho como una herida vertical).
Escogí un libro del paquete y se lo di: era un tratado sobre las abejas.
Le dije que se lo llevara a su padre. Que mi proyecto de ensayo referente a las analogías ocultas entre nuestra sociedad y las colmenas podía esperar.
(Sí. Finalmente todo podía esperar).
Dijo:
—*Él* se va a poner de lo más contento con su regalo. Todavía lee, cuando tiene tiempo, claro. Por lo general siempre está ocupado en su labor.
(Vi al padre sostener el libro con sus dedos manchados de chocolate y una mirada profunda y ausente y el hijo cortándole otra rebanada en un platico los dos sentados en el césped más allá la gente paseando con sus batas blancas y de fondo el cielo rojo).
Le recité un par de versos:

> Je suis comme le roi d'un pays pluvieux,
> Riche, mais impuissant, jeune et pourtant trés vieux

Se los traduje y el rió.
Se fue.
La mochila le brincaba a la espalda.
Le grité:
«Bon voyage!»
Pedí un té más y me puse a trazar dibujitos obscenos en la libreta.

De los autores

Adriana Kanzepolsky es argentina pero reside en Brasil, donde es profesora de literatura hispanoamericana en la Universidad de São Paulo. Sus publicaciones de los últimos años se centran en las diversas modalidades de los discursos de la memoria, tanto en la prosa como en la poesía, particularmente en la producción de Tamara Kamenszain. Ha publicado *Un dibujo del mundo: extranjeros en Orígenes* (2004) y coeditado *Em primeira pessoa. Abordagens de uma teoria da autobiografia* (2009).

Néstor Díaz de Villegas (Cumanayagua, 1956) es poeta, editor y ensayista. Ha publicado varios volúmenes de poesía, recogidos todos en *Buscar la lengua* (2015). En Bokeh han aparecido también los ensayos de *Cubano, demasiado cubano* (2015) y la trilogía narrativa *Sabbat Gigante* (2017). Fue el fundador de *Cubista Magazine* (2004-2006). Reside en Los Ángeles, California.

Omar Pérez (La Habana, 1964). Poeta y ensayista. Ha publicado los volúmenes de poesía *Filantropical* (2016), *Cubanología* (2015), *Tablet A* (2015), *El corazón mediterráneo* (2010), *Word* (2009), *Lingua franca* (2009), *Canciones y letanías* (2002), *La perseverancia de un hombre oscuro* (2000), *Oíste hablar del gato de pelea?* (1999) y *Algo de lo sagrado* (1996). Vive en La Habana, Cuba.

Reina María Rodríguez (La Habana, 1952). Poeta. Recibió el Premio Nacional de Literatura 2013, en Cuba, y el Premio Iberoamericano de Poesía Pablo Neruda en 2014, en Chile, además de otras distinciones y premios. Algunos de sus libros de poesía más conocidos son *Para un cordero blanco* (1984), *En la arena de*

Padua (1991), *La foto del invernadero* (1998), *Te daré de comer como a los pájaros* (2000), *Otras cartas a Milena* (2004), *El libro de las clientas y Bosque negro,* ambos de 2005. Vive en La Habana, Cuba.

Roberto Uría Hernández (La Habana, 1959). Premio «13 de Marzo» de la Universidad de La Habana, 1986, con el libro de cuentos *¿Por qué llora Leslie Caron?* Mención Especial del Premio David de la Unión Nacional de Escritores y Artistas de Cuba, 1987, con el libro de cuentos *Infórmese, por favor.* Premio Nacional «Mirta Aguirre» de Crítica Literaria, 1990, con el ensayo *Un bromista colosal muere de luz y de orden,* sobre Virgilio Piñera. Desde 1995 vive en Miami.

Sandra Ramos (La Habana, 1969). Pintora, grabadora, dibujante. Fue profesora de grabado en el Instituto Superior de Arte, ISA. Está considerada como una de las artistas cubanas más importantes de los últimos años. Su obra está representada en importantes colecciones de Cuba y el extranjero.

Eugenio Valdés Figueroa (La Habana, 1963). Curador y crítico de arte cubano. Director y curador de la Cisneros Fontanals Art Foundation (CIFO), en Miami, desde junio de 2015. Ha sido Director de Arte y Educación de Casa Daros, Daros-Latinamerica, Rio de Janeiro, entre marzo de 2013 y octubre de 2014. También ha sido curador de arte contemporáneo internacional en el Centro Wifredo Lam de La Habana y co-curador de la Bienal de La Habana.

Idalia Morejón Arnaiz (Santa Clara, 1965) es ensayista y poeta. Ha publicado los volúmenes de poesía *La reina blindada* (2015), *Caderno de vías paralelas* (2015) y *Una artista del hombre* (2012), y los ensayos de *Política y polémica en América Latina* (2010) y *Cartas a un cazador de pájaros* (2000). Vive en São Paulo, Brasil.

Carlos A. Aguilera (La Habana, 1970) ha publicado *Teoría del alma china* (2006), *El imperio Oblómov* (2014) y *Clausewitz y yo* (2015), *Matadero seis* (2016), la pieza teatral *Discurso de la madre muerta* (2012) y *Asia Menor* (2016), volumen que recoge toda su poesía hasta el momento. Tuvo a su cargo el volumen colectivo *La Patria Albina. Exilio, escritura y conversación en Lorenzo García Vega* (2016) y recientemente publicó la monografía *Luis Cruz Azaceta. No exit* (2016). Fundador del proyecto Diáspora(s), entre 1997 y 2002 codirigió la revista homónima. Reside en Praga.

Rolando Sánchez Mejías (Holguín, 1959) fue fundador del proyecto Diáspora(s) y entre 1997 y 2002 codirigió la revista homónima. Ha publicado, entre otros, los volúmenes de narrativa *Historias de Olmo* (2001) y *Cuaderno de Feldafing* (2003), y los volúmenes de poesía *Cálculo de lindes* (2000) y *Cuaderno blanco* (2006), recogidos ambos, junto al conjunto de su poesía, en *Mecánica celeste. Cálculo de lindes 1986-2015* (2016). En 1993 y 1994 recibió en Cuba el Premio Nacional de la Crítica. Desde 1997 vive exiliado en Barcelona.